# A vida com Lacan

## Campo Freudiano no Brasil

Coleção dirigida por Judith (*in memoriam*) e Jacques-Alain Miller

Assessoria brasileira: Angelina Harari

Catherine Millot

# A VIDA COM LACAN

Tradução:
André Telles

*1ª reimpressão*

Copyright © 2016 by Éditions Gallimard

Tradução autorizada da primeira edição francesa, publicada em 2016 por Gallimard, de Paris, França

Cet ouvrage, publié dans le cadre du Programme d'Aide à la Publication 2016 Carlos Drummond de Andrade de l'Institut Français du Brésil, bénéficie du soutien du Ministère de l'Europe et des Affaires étrangères.

Este livro, publicado no âmbito do Programa de Apoio à Publicação 2016 Carlos Drummond de Andrade do Instituto Francês do Brasil, contou com o apoio do Ministério francês da Europa e das relações exteriores.

AMBASSADE DE FRANCE
AU BRÉSIL

Cet ouvrage a bénéficié du soutien des Programme d'aides à la publication de l'Institut Français.

Este livro contou com o apoio à publicação do Institut Français.

*Grafia atualizada segundo o Acordo Ortográfico da Língua Portuguesa de 1990, que entrou em vigor no Brasil em 2009.*

*Título original*
La vie avec Lacan

*Capa*
Claudia Warrak

*Preparação*
Geísa Pimentel Duque Estrada

*Revisão*
Carolina Sampaio
Frederico Hartje

CIP-Brasil. Catalogação na publicação
Sindicato Nacional dos Editores de Livros, RJ

M595v    Millot, Catherine, 1944-
         A vida com Lacan / Catherine Millot; tradução André Telles. – 1ª ed. –
         Rio de Janeiro: Zahar, 2017.
                                             (Campo Freudiano no Brasil)
         Tradução de: La vie avec Lacan.
         ISBN 978-85-378-1688-2

         1. Psicanálise. I. Telles, André. II. Título. III. Série.

17-42767
                                              CDD: 150.1952
                                              CDU: 159.964.2

[2022]
Todos os direitos desta edição reservados à
EDITORA SCHWARCZ S.A.
Praça Floriano, 19, sala 3001 — Cinelândia
20031-050 — Rio de Janeiro — RJ
Telefone: (21) 3993-7510
www.companhiadasletras.com.br
www.blogdacompanhia.com.br
facebook.com/editorazahar
instagram.com/editorazahar
twitter.com/editorazahar

Houve um tempo em que eu tinha a sensação de ter aprendido o ser de Lacan em sua essência. De ter uma espécie de intuição de sua relação com o mundo, um acesso misterioso ao lugar íntimo de onde emanava sua ligação com os seres e as coisas, e também com ele próprio. Era como se eu houvesse deslizado para dentro dele.

Essa sensação de apreender sua essência ia de par com a impressão de estar compreendida, no sentido de estar integralmente incluída nessa sua compreensão, cuja extensão me ultrapassava. Seu espírito – sua amplitude, sua profundidade –, seu universo mental, englobava o meu como uma esfera que contivesse outra menor. Descobri uma ideia similar na carta em que Madame Teste* fala de seu marido. Como ela, eu me sentia transparente para Lacan, convencida de que ele detinha um saber absoluto a meu respeito. Não ter nada a dissimular, nenhum mistério a preservar, dava-me uma total liberdade

---

* Personagem do romance *La Soirée de Monsieur Teste*, de Paul Valéry, no qual ele busca decifrar as menores particularidades da mente de um homem, Monsieur Teste. A carta mencionada é um anexo a esse romance. (N.T.)

com ele, mas não só. Uma parte essencial de meu ser lhe era entregue, ele tinha sua guarda, eu me sentia aliviada. Vivi a seu lado anos a fio nessa leveza.

Um dia, contudo, ele estava manipulando as rodelas de barbante que ele tanto gostava de modelar e, de repente, me disse: "Está vendo, isso é você!" Eu era – como qualquer um, não importa quem – aquele real que escapava ao seu controle, que tanto mal lhe fazia. Vi-me bruscamente compelida a levar em conta o que em mim lhe resistia como só o real resiste.

Quando digo "seu ser", o que entendo por isso? Sua particularidade, sua singularidade, o que nele era irredutível, seu peso de real. Quando hoje tento apreender novamente esse ser, é seu poder de concentração que retorna, sua concentração quase permanente em um objeto de pensamento que ele nunca abandonava. Com o tempo, ele se simplificara ao extremo. De certa maneira, não era nada além disso, essa concentração no estado puro. Ela se confundia com seu desejo, o qual tornava tangível.

Eu a encontrava em sua maneira de andar, projetado para a frente, a cabeça primeiro, como se carregado por seu peso, recuperando o equilíbrio no passo seguinte. Nessa própria instabilidade, contudo, via-se determinação, ele não se afastava uma polegada de seu caminho, ia até o fim, sempre em linha reta, indiferente aos obstáculos, que ele parecia ignorar e que, de todo modo, não lhe inspiravam qualquer consideração. Gostava de lembrar que era do signo de Áries, o signo do carneiro.

A primeira vez que o vi caminhando foi nas trilhas de Cinque Terre, na Itália, para onde ele arrastava, depois do almoço e sob um sol inclemente – estávamos em agosto –, as pessoas de seu círculo, que não ousavam protestar. Liderava a marcha, com uma determinação feroz. Os riscos de insolação, para ele mesmo ou para os outros, não eram sequer avaliados. Íamos assim de uma aldeia costeira a outra pelas colinas que sobranceavam o mar, e voltávamos no trenzinho local.

Naquele verão ele praticou esqui aquático na enseada de Manarola: segurando com firmeza a alça da corda e, como de hábito, sem desviar do percurso, sempre em linha reta. No inverno seguinte, nas encostas de Tignes, parecia conhecer apenas o *schuss*,\* que havia alguns anos lhe valera uma fratura na perna. Fora nessa época que Glória, sua secretária, começara a trabalhar para ele. O fato de estar imobilizado deixava-o furioso e ele descarregava seu humor de cão na infeliz, que perdeu a paciência: um dia ele estava deitado na cama, com a perna engessada, e ela a agarrou, levantou e soltou bruscamente. Pasmo diante

---
\* No esqui, descer reto para o vale. O sentido literal do termo alemão é de impulso, ímpeto. (N.T.)

daquela mulher que não se deixava intimidar, Lacan logo mudou o tom e passou a tratá-la com um interesse súbito, fazendo-lhe perguntas sobre suas origens e sua história. Um laço de fidelidade indefectível se estabeleceu entre eles aquele dia.

Mais tarde, acompanhei-o com frequência de sua casa de campo, em Guitrancourt, até o campo de golfe do qual era sócio, embora nunca jogasse. O golfe era apenas um pretexto para o passeio. Mas "passeio" tampouco é o termo. Também nesse caso, ele partia em linha reta, cabeça baixa, através dos bosques e campos, embrenhando-se nas matas ou pisoteando montinhos recém-semeados, sem jamais desviar do caminho. A propósito, eu me perguntava como ele se orientava para não se perder. Seguia-o calçando botas de borracha, enquanto ele emporcalhava sem cerimônia seus belos sapatos feitos sob medida. Ao chegar ao campo de golfe, telefonava para Jesus, o segurança de Guitrancourt, seu "bom Jesus", como gostava de chamá-lo, que nos buscava de carro.

Não era diferente quando dirigia. Cabeça projetada, agarrado ao volante, desprezando os obstáculos, como dizia uma de minhas amigas, sem nunca aliviar o pé do acelerador, sequer diante de um sinal vermelho, para não falar das preferenciais. A primeira vez, na autoestrada, a aproximadamente duzentos por hora, fui tomada por um riso nervoso que mal consegui disfarçar. Mas mesmo que eu tivesse gargalhado ele não teria notado, de tal forma estava concentrado.

Um dia, contudo, viu-se obrigado a dar uma freada para não bater no carro à nossa frente, que desacelerara bruscamente. Mas como frear não era o seu forte, o carro derrapou, a sensação de invulnerabilidade que eu tinha quando estava ao seu lado desapareceu por completo. Comecei a ter medo e os trajetos de carro tornaram-se um suplício. Não adiantava implorar que reduzisse a velocidade. Sua enteada, Laurence, em outra ocasião, arriscara uma estratégia: pedira-lhe para ir mais devagar para que pudesse "ver a paisagem". Ele respondera: "Olhe com atenção."

Uma única vez, em minha companhia, ele foi parado na autoestrada pela polícia, na volta de Guitrancourt. Domingo à noite, como a rodovia estava sempre engarrafada, ele tinha o hábito de pegar o acostamento e deixar para trás a fila de carros parados, enquanto os motoristas, furiosos ao se verem ultrapassados pela direita, davam bruscos golpes de direção e obstruíam seu caminho, provocando o risco de uma colisão. Aquela noite, fomos conduzidos ao posto policial perto do túnel de Saint-Cloud, onde ele esperou uma eternidade antes de poder alegar uma emergência médica que justificasse a infração. Não deu mostras de impaciência durante essa espera. Às vezes o real pode assumir o semblante da polícia.

Sua maneira de dirigir era parte de sua ética. Não foi à toa que, à guisa de alegoria, ele contou para seu analista Rudolph Loewenstein, peso pesado da IPA, o seguinte episódio: num túnel, ao volante de seu carrinho, ele percebe vindo em sua direção um caminhão fazendo uma ultrapassagem. Continua a pisar no acelerador e obriga o outro a se recolher. Embora lembre uma queda de braço, a mensagem principal era que ele não se intimidava e não se curvava a nenhuma força.

Ele me contou essa história numa época em que ainda falava muito de si mesmo. Contou também um incidente recente que o deixara amargurado. Dois delinquentes haviam irrompido em seu consultório por volta das sete da noite, empurrando Paquita, que abria a porta depois que Glória ia embora no fim do dia. Haviam entrado em sua sala, onde ele estava na companhia de Moustapha Safouan, que fazia um controle com ele. Os delinquentes pretendiam lhe extorquir dinheiro, apontando-lhe um revólver. Ele respondeu que não conseguiriam nada sob ameaça, que estava velho e não se importava em morrer. Um deles desferiu-lhe um soco no queixo que não o fez mudar de ideia, mas lhe causou uma luxação no maxilar que o incomodou durante muito tempo. Safouan, para sair do impasse, teve a ideia de fazer um cheque, o que permitiu aos agressores baterem em retirada sem humilhação.

Lacan me relatara esse incidente em resposta à minha pergunta sobre o soco-inglês de que ele jamais se separava. Foi depois dessa agressão que ele se equipou com um. A arma se juntara, no bolso de sua calça, ao lenço, ao molho de chaves e ao multicanivete de tartaruga da marca Peter, protegido por um estojo de pele, bem como a um encantador *netsuke* triangular em madeira de buxo, super suave ao toque, que lembrava uma banda de Möbius achatada.

Até mesmo Pierre Goldman\* alimentara um plano para extorquir Lacan. Mas ficou desarmado ao ver o homem de cabelos brancos descendo a escada do número 5 da rue de Lille, inteiramente absorto em sua reflexão. A majestade austera do pensador deteve seu gesto. Ela superava em muito a reputação do homem público, sua suposta riqueza, que atiçava a crítica e a cobiça.

O soco-inglês era sempre um problema quando ele passava pelos detectores de metal dos aeroportos, disparando ritualmente o alarme. Lacan era obrigado a esvaziar os bolsos. A arma, na época, não era confiscada, permanecendo aos cuidados de uma aeromoça durante o tempo da viagem e sendo devolvida a seu dono na chegada.

---

\* Pierre Goldman (1944-79) foi um intelectual de extrema-esquerda que degenerou para a delinquência, tendo morrido assassinado. (N.T.)

Embora nenhuma proibição ou limite convencional o fizessem desviar de seu percurso, ele de todo modo sabia reconhecer o real que lhe barrava o caminho. Talvez justamente porque as proibições não entravam em consideração é que ele estava em conexão direta com o que se tornou, com o tempo, o objeto principal de sua reflexão. O real era coisa séria, valia a pena ser levado em conta. O real é aquilo contra o qual nada podemos, com que nos chocamos, é o intransponível, o impossível de contornar, de negociar. Para ele, tanto na vida como numa análise, tratava-se de alcançá-lo, esse indestrutível núcleo da realidade, e tudo o que o isola, o mantém à distância ou mascara pertence à esfera da frivolidade.

Para mim, a principal amostra dessa postura se revelou em sua forma de visitar os museus e igrejas na Itália. Como é sabido, os horários de visita lá são irregulares e, mais que isso, raramente respeitados. Lacan também não os respeitava, fazendo de tudo para que lhe abrissem as portas, a maioria das vezes com sucesso. Não lembro mais como ele fazia, mas sabia ser persuasivo, embora fosse raro encontrar alguém a postos. Aprendi que uma porta fechada podia se abrir para quem pedisse com suficiente convicção. Pedir era um sésamo. Ao que me lembre, houve apenas uma vez em que a coisa quase acaba mal. Lacan tinha envelhecido, a teimosia prevalecia sobre a flexibilidade da negociação, quis passar à força e quase despencou escada abaixo empurrado por um guarda para quem sua idade não era argumento.

A primeira igreja que visitei com ele foi Sant'Agostino, em Roma, onde se encontra a *Madona dos peregrinos*, de Caravaggio. Nessa ocasião, excepcionalmente, estava aberta. Lacan contemplou por longo tempo o quadro instalado sobre um altar. O pé descalço da Virgem cativava-o. Pediu ao sacristão ali presente que lhe trouxesse uma escada para vê-lo mais de perto. Este resistiu um pouco, depois cedeu, rindo ante aquela solicitação inusitada. Lacan subiu na escada e examinou detidamente aquele pé que o intrigava por uma razão que permaneceu misteriosa para mim, pois ele não fez qualquer comentário.

Na galeria Borghese é possível ver outro Caravaggio, diante do qual Lacan também se deixava ficar, que apresenta semelhanças com o de Sant'Agostino. Trata-se da *Madona dos palafreneiros*. Em ambos os quadros, a Virgem é uma mulher forte e morena, com o semblante grave, cujo modelo foi Lena, amante do pintor. O Menino Jesus não tem nada de bebê, é grande demais e certamente pesado demais para ser carregado, mesmo por uma mulher robusta. No primeiro quadro, a perna dobrada da Virgem o apoia, impedindo que escorregue, enquanto no segundo ela o sustenta por baixo dos braços, como fazemos para ajudar uma criança a dar seus primeiros passos. Na *Madona dos palafreneiros*, o pé descalço da Virgem esmaga a cabeça de uma serpente, ilustrando o versículo bíblico: "E porei inimizade entre ti e a mulher." O pé do Menino Jesus está pousado no da Virgem como se ele apoiasse o gesto da mãe. Um dia Lacan fez alusão a isso, por ocasião de uma conferência em Genebra.* "A Virgem Maria, com seu pé sobre a cabeça da serpente, isso significa que se amparava nela", declarou. Nos dois quadros, a beleza e a força dos pés descalços da Madona impressionam. Pergunto-me hoje se Lacan, empoleirado em sua escada, não procurava o rastro da serpente sob o pé da *Madona dos peregrinos*.

---

* Trata-se da conferência "O sintoma", pronunciada em 1975. (N.T.)

Naquele verão, Lacan me fez descobrir Roma, cidade pela qual me apaixonei. Eu já passara uma temporada lá, mas ninguém me abrira suas portas como ele o fez. Vimos, claro, todos os Caravaggio de Roma, os de San Luigi dei Francesi, os da piazza del Popolo e aqueles, incontáveis, de todos os museus, em especial o *Baco* da galeria Borghese e a *Madalena arrependida* da galeria Doria Pamphili, na época quase sempre deserta, onde as telas eram dispostas, à moda antiga, uma acima da outra, cobrindo as paredes. Ele parecia conhecer tudo de Roma e me levou a todos os lugares. De manhã, consultava um guia em italiano com capa vermelha, *Roma e dintorni*, e escolhia os locais de nossas visitas do dia. Em cada igreja, museu ou monumento, detinha-se apenas diante de algumas obras, que observava demoradamente e sempre em silêncio. Foi só depois, ao descobrir seus seminários, que percebi que ele comentara, às vezes em diversas ocasiões, este ou aquele quadro diante do qual eu o vira estacar. Por exemplo, na galeria Borghese, *Eros e Psiquê*, de Zucchi. Concentrava igualmente sua atenção em *A caça de Diana*, de Domenichino, no qual é possível vislumbrar Acteon escondido nas moitas prestes a ser metamorfoseado em cervo. O encanto das figuras femininas, em especial o das duas meninas em primeiro plano, embaixo à esquerda, torna ainda mais perturbadora a energia impetuosa e cruel que emana do quadro. A versão do feminino nele sugerida coincidia com as ideias de Lacan sobre a questão. O *Apolo e Dafne*, que representa outra metamorfose, também prendia sua atenção todas as vezes que íamos à Villa Borghese.

Lacan apreciava particularmente as obras de Bernini. Não se cansava de contemplar, na piazza Navona, nas proximidades do hotel Rafael, onde gostava de se hospedar, a fontana dei Quattro Fiumi, com seu maravilhoso bestiário. Retornava sempre ali, como quem volta à fonte, e esse era o ponto de partida e de chegada de todos os nossos périplos.

Da mesma forma, passávamos horas na magnificência austera do Palatino ou da Domus Aurea, que ainda não havia sido estragada pelas restaurações e iluminações despropositadas.

Subsiste igualmente em minha memória a visita à basílica de São Clemente de Latrão, que encerra em suas profundezas outra basílica paleocristã e, sob esta, os vestígios de um templo consagrado ao culto de Mitra. Esses estratos evocavam o modelo arqueológico do inconsciente freudiano.

Lacan também me levava a lugares mais secretos. Por exemplo, me fez descobrir uma anamorfose bem conhecida dos especialistas, no convento da Trinità dei Monti. Trata-se de um afresco de Emmanuel Maignan, que, visto de frente, representa são Francisco de Paula. Se nos deslocamos lateralmente, é toda uma paisagem que se revela nas pregas do manto do santo: uma torre, personagens num porto, um barco. Essa pintura mural se encontra num corredor do convento que abriga as irmãs do Sagrado Coração desde o fim da ordem dos Mínimos, fundada por são Francisco de Paula. A clausura não era estrita nessa congregação educadora, e Lacan não teve dificuldade em obter a chave que lhe dava acesso. No fim do dia, tirou-a do bolso e me mostrou como um troféu. Não sei como, tinha conseguido sair sem devolvê-la. Ele não gostava de portas fechadas, assim como não gostava de sinais vermelhos. A clausura era um desafio que ele aceitara, sugerindo maliciosamente que só dependia dele violá-la, aproveitando-se da noite. Na manhã seguinte, foi devolver a chave à irmã zeladora, que se divertiu discretamente com aquela travessura.

Lacan tinha grande apreço pela Roma católica. A tal ponto que fomos visitar um cardeal conhecido seu, com quem deixara um exemplar dos *Escritos* para que o entregasse ao papa. Esse homem, um francês membro da cúria, era servido por irmãs, que abriram a porta para nós e nos introduziram em seus aposentos. De sua janela aberta, ouvia-se o barulho da vizinhança, gritos de crianças e estrépitos de vozes femininas, rumores da vida que pareciam encantar esse prelado, não sem uma sombra de nostalgia.

Lacan me levou a um restaurante frequentado por bispos e cardeais de sotaina e mantido por uma congregação. Esse restaurante se chamava L'Eau Vive. Ainda existe. Lá, éramos servidos por belas jovens adolescentes da África ou da Ásia, vestindo trajes típicos de seu país de origem, bem como por europeias trajando túnicas vagamente romanas. A atmosfera era discretamente erótica. Eu imaginava que fossem ex-prostitutas arrependidas. A realidade, como quase sempre, é pior que a fantasia. Soube recentemente que, originárias de ex-colônias, eram recrutadas muito novas por uma comunidade intitulada Família Missionária Donum Dei, filiada à ordem do Carmo, que congrega ao mesmo tempo religiosos e leigos. Sem pronunciar votos definitivos, essas moças, cuja virgindade é uma exigência, são intimadas não só a levar uma "vida consagrada", o que significa votada ao celibato e à castidade, como também, entre uma oração e outra, a aceitar um trabalho não remunerado na rede de restaurantes disseminada no mundo sob o nome de L'Eau Vive. A fronteira entre vida religiosa e escravidão é difusa aqui.

João Paulo II, na época em que era arcebispo de Cracóvia, frequentava muito esse restaurante quando estava em Roma. Ao se tornar papa, chamou as meninas que trabalhavam lá para assistir, no Vaticano, a uma missa rezada especialmente para elas. Agrada-me pensar que esbarramos com ele sem saber (as datas coincidem) nesse lugar que tinha um charme infalível, a despeito de sua ambiguidade. À noite, durante o jantar, o serviço era interrompido para dar lugar à oração e aos cânticos. Prelados, políticos da democracia cristã, diplomatas junto à Santa Sé ali se reuniam ou se encontravam, fazendo desse restaurante um ponto de encontro da sociabilidade eclesiástica. Isso divertia tanto a Lacan quanto a mim, e voltamos lá diversas vezes ao longo dos anos.

Mas seu restaurante romano preferido era o Passetto, perto da piazza Navona. Foi o local do nosso primeiro encontro romano, um encontro telefônico. Ele estava em Manarola, enquanto eu estava hospedada na casa da minha amiga Paola Carola, no Janículo. Ele me convidara para ir almoçar no Passetto e lá receber seu telefonema. Sendo conhecido, ele tinha uma conta no restaurante numa época em que os cartões de crédito não eram popularizados. Esse pequeno detalhe me impressionou, bem como aquele encontro à distância que ele planejara.

Não demorei a me juntar a ele em Manarola, e, quando, alguns dias mais tarde, ele foi buscar seu carro no estacionamento para pegar a estrada de Roma, fui atrás dele sem sequer indagar nossa destinação. Eu o teria seguido aonde quer que fosse. Em Roma, encontrávamos muito Paola, que eu conhecera em Paris poucos meses antes e que recebeu Lacan com sua graça e simplicidade costumeiras. A irrupção de Lacan na minha vida tornava isso simples, também para ela, como que natural, e foi um dos motivos de minha indefectível amizade por ela.

Paola permaneceu associada àquele verão de 1972, que foi um verão mágico para mim. Eu descobria ao mesmo tempo Roma e Lacan, que me surpreendia o tempo todo com sua liberdade e sua fantasia, sua energia inesgotável. Ele parecia ter a disponibilidade total e exclusiva da juventude, bem como sua despreocupação. Foi um momento de graça e inocência, essa graça necessária para se abrir para a sorte e que me parecia envolver todos aqueles que encontrávamos.

Como, por exemplo, a bela e simpática Jacqueline Risset, de quem Lacan gostava muito e que naquele verão dera um jeito de organizar para ele a projeção de um filme de Pabst, *Segredos de uma alma*, com roteiro de Karl Abraham, um discípulo de Freud. Lembro-me de um almoço alegre, todo iluminado por seus cabelos louros.

Era uma forma de inocência que eu descobria no trato isento de preconceitos que Lacan demonstrava com cada um e que deixava todos à vontade. Nele, o vasto campo que tolhe as relações humanas era como que varrido. Sem dúvida a ascese psicanalítica contribuía com alguma coisa para isso, mas também sua espontaneidade, esse desejo sem ambiguidades que o movia e simplificava tudo.

Terá sido nesse mesmo verão que ele me levou para conhecer Balthus na Villa Médici, da qual este era então diretor? Em todo caso, lembro-me da primeira vez em que Balthus nos mostrou as restaurações da villa, que vinham acontecendo há dez anos. A espécie de pintura esponjada que ele mandara aplicar nas paredes era por si só uma criação original, espantosamente adequada ao lugar. Delas emanava uma atmosfera que de algum modo me lembrava a de seus quadros, em especial no aposento que reservara para si. Eu estava enfeitiçada, assim como por sua obra, a despeito da irritação que suas pretensões aristocráticas me causavam. Na villa, os empregados tratavam-no de "sr. conde" a qualquer pretexto. Eu não podia me abster de pensar em seu irmão, Pierre Klossowski, que morava num conjunto habitacional, na rue de la Glacière, e a cujo encargo Balthus deixara sua mãe, Baladine, o grande amor de Rilke. Balthus nos convidou para um chá, estranha cerimônia à qual compareciam prelados, algumas velhas condessas e o embaixador da França junto ao Vaticano.

Em outra ocasião, fomos visitá-lo no castelo que ele acabara de comprar perto de Viterbo. Situado acima dos penhascos de mármore e dominando o campo, o castelo de Montecalvello era uma fortaleza medieval tão vasta que parecia uma aldeia fortificada. Balthus empreendera sua restauração delegando-a aos jovens estagiários da Villa Médici, que víamos ocupados em reconstituir afrescos murais, empoleirados em escadas. O almoço foi servido por um criado de luvas brancas.

Lacan tinha um apreço especial por ele. Balthus praticamente fazia parte de sua família, tendo sido ligado por vários anos a Laurence Bataille, que conhecera quando ela tinha dezesseis anos e de quem ele fizera vários retratos. Um dos mais bonitos se encontra em Guitrancourt.

Laurence me contou que, após as primeiras sessões em que posou para Balthus, queixara-se a Sylvia, sua mãe, e a seu padrasto de que ele tinha se mostrado muito atrevido. Foi censurada por eles, que lhe disseram que devia se julgar feliz por um artista como Balthus querer fazer seu retrato. Ela aquiesceu e não resistiu por muito tempo ao grande homem, mas guardou certo rancor por não ter tido apoio nessa ocasião.

Também visitamos Jacques Nobécourt, correspondente do jornal *Le Monde* em Roma, casado com uma psicanalista da Escola Freudiana. Ele morava num apartamento cujas janelas davam para a piazza Navona e que para mim resumia, ao lado do terraço de Paola com vista para o Janículo, o charme estival de Roma. Estávamos no mês de agosto, mas o calor era ameno e a cidade, deserta de carros, oferecia uma calma divina. Lacan parecia estar em casa, conhecia todos os museus, todas as igrejas, todas as fontes. Esquadrinhávamos a pé o coração da cidade, da piazza Navona ao Panteão, ou da piazza di Spagna à piazza del Popolo. A beleza dos lugares me encantava, eu adorava o rumorejo das fontes e dos passos nas ruas ermas à noite. Estava apaixonada por Roma e esse amor perdurou.

A paixão culinária contribuía para isso, eu descobria a cozinha romana, fosse a do Passetto, minha preferida, ou a do vizinho Maiella, frequentado por políticos e jornalistas. Também costumávamos ir ao Sabatini, em frente à deslumbrante basílica de Santa Maria in Trastevere, ao Alfredo nella Scrofa, ao Quatre Fontane e ao Piperno, no Ghetto, por suas famosas alcachofras. Paola geralmente ia conosco e também nos convidava para comer espaguete em seu terraço, de onde se via Roma inteira.

Era como se o verão nunca fosse acabar.

De volta a Paris, não nos largamos mais, por assim dizer. Mas quando digo "nós", sinto uma dissonância. Havia ele, Lacan, e eu, que o seguia: isso não formava um "nós". Aliás, se o "nós" nunca foi totalmente natural para mim, sempre foi profundamente alheio para Lacan. Ele podia dizer que "rolava aos seus pés", até aí tudo bem, não era tão falso – acontecia de ser literal – e decerto não tinha nada a ver com um "nós". Sua profunda solidão e seu isolamento tornavam o "nós" despropositado. Mas isso não o impedia de ser o que hoje chamaríamos de alguém "apegado", de exigir constantemente sua presença ao seu lado. Mesmo quando preparava seu seminário durante o fim de semana, ele compartilhava sem dificuldade seu espaço de trabalho, você não o incomodava, de tal forma ele estava concentrado e gostava de ter alguém ao seu alcance. Aliás, ele não gostava da solidão, manifestamente não tinha esse hábito. Mais tarde, quando eu me ausentava, temia que ele convidasse alguma nova conquista para ir a Guitrancourt. Portanto, quase não abandonava meu posto.

Nos primeiros tempos, Lacan, implicante, me dizia que as mulheres assemelhavam-se sempre a algum flagelo. Eu e meu gênero éramos uma inundação. *In petto*, eu ruminava que ele não erguia nenhum dique contra o pacífico dessa invasão. Glória tampouco vetara, como fizera com outras, minha presença no número 5 da rue de Lille. Minha juventude e discrição a haviam desarmado, ela me adotou. O único dique era T., que havia dez anos ocupava um lugar importante – mas longe de ser único – na vida de Lacan. Para meu infortúnio, se ouso dizer assim, ele passava a maioria dos fins de semana em Guitrancourt com ela. No começo, tentei lhe dar o troco, mas ele se mostrou tão abalado com isso que logo abdiquei de todo revanchismo.

Ele gostava de dizer que era fiel. Eu tinha captado imediatamente em que sentido devia entender isso: ele estratificava. Recusando-se a faltar com a palavra, nunca abandonava uma mulher, mesmo se às vezes agisse de maneira a que ela jogasse a toalha. Costumava evocar as de sua juventude, mas também as mais recentes. Confessara-me, por exemplo, que, no momento em que estávamos em Roma, dera um bolo na anterior, que o esperava em algum lugar na Itália. Esta logo desistiu. Tendo cruzado comigo na rue de Lille, enviara a Lacan um pequeno bilhete, assim elaborado: "Eis então o ramo pelo qual o homem descende do macaco." Eu logo me reconheci ali, sendo provida de braços compridos e de um certo prognatismo.

Segundo ele, desde seu primeiro relacionamento feminino, aos dezessete anos, escolhera sempre mulheres de trinta anos. Ainda não se formara quando conheceu uma certa Marie-Thérèse, à qual dedicou sua tese em 1932 sob as iniciais MTB. Esse relacionamento se estendera ao longo de todos os seus estudos de medicina. Ele contou, todo prosa, que, quando era adolescente, Marie-Thérèse pagara para ele uma conta de livraria e que era ela que bancava quando saíam de férias: nessa época, ele não tinha um tostão. Fiquei um pouco chocada, mas igualmente divertida com essa evocação de um jovem Lacan gigolô.

Também me falou de Olesia Sienkiewicz, mulher de Drieu la Rochelle, a quem consolara pela infidelidade do marido e que manifestamente lhe agradara muito. Lembrava-se disso com prazer enquanto datilografava sua tese de cuecas, no apartamento que Drieu lhes emprestara. Lembro-me de que ele a reencontrou e jantou com ela em 1977 ou 1978. Foi na esteira de um pedido de Dominique Desanti, que então escrevia uma biografia de Drieu e não conseguia obter um encontro com Olesia. Lacan gostava muito que se sacrificassem por ele, mas também era capaz de se esfalfar para prestar um favor a alguém, nem que fosse para satisfazer um simples capricho. Subira diversas vezes em vão os seis andares do prédio de Olesia, pois ela não atendia o telefone. Terminara por encontrá-la e convidou-a para jantar. Mas constatara que não tinham nada a se dizer: "Para ela, homem é página virada", ele disse a Dominique. Na época, ela vivia com uma mulher.

De Sylvia, que veio a ser sua esposa, ele me contou um episódio digno de Casanova: atlética e ágil, ela ia encontrá-lo no seu quarto à noite, escalando o muro até sua janela do primeiro andar. Isso foi bem no início do relacionamento, quando ele ainda morava com sua primeira mulher, Marie-Louise. Perguntei-lhe um dia por que Sylvia abandonara sua profissão de atriz. Ele me respondeu, após refletir por um momento: "Sim, claro, eu poderia ter me tornado sr. Sylvia Bataille!" Ele apreciava muito sua presença de espírito. Um dia, num congresso, quando se hospedavam no hotel onde os congressistas estavam alojados, Sylvia saíra do quarto. Ao voltar, um pouco mais tarde, comentou: "O professor Fulano está aqui." Lacan perguntou se ela o encontrara. Ela respondeu que reconhecera seus sapatos no corredor.

Já fazia alguns anos que eu estava com Lacan quando, tendo nos visto atravessar o pátio do número 5 da rue de Lille, de sua janela do prédio vizinho, Sylvia disse a ele que nós a havíamos feito pensar em Dom Quixote e Sancho Pança. "Dom Quixote sou eu?", ele lhe perguntou. "Claro", respondeu ela. Isso me constrangeu um pouco, mas era bem sacado. Eu não largava dos calcanhares daquele homem que investia em linha reta, movido por um desejo cuja força não deixava de me impressionar.

Lacan era muito generoso com suas mulheres. E quando dava um presente a uma delas, não se esquecia das outras. Cobria-as de joias e plantas ornamentais. Era sua maneira de homenageá-las e era uma homenagem constante. As samambaias inundavam minha casa. Algumas ainda sobrevivem, depois de quarenta anos. No caso das joias, eu me mostrava mais recalcitrante. Mas Lacan estimulava a superar não só as reticências, como tudo que pertence ao registro do que eu chamaria de "defensiva." A primeira vez que o encontrei, vendo-me encolhida em minha poltrona, embrulhada num xale, ele me indagara a razão daquela postura. Eu respondera que era "tímida". "O que isso quer dizer?", ele replicara num tom desdenhoso. E a primeira vez que fui a Guitrancout, ele observara, dessa vez com um sorriso, que eu "me entrincheirava dentro dos meus sapatinhos".

Defesas, pudores e subterfúgios não eram do seu gosto. Em geral não se insurgia frontalmente, um chiste bastava. Comportava-se todavia de maneira mais direta com seus discípulos, quando os via emparedando-se em suas inibições ou insistindo nas evasivas. Intimava os participantes de seu seminário ou nos congressos a irem direto ao ponto e se irritava com sua pusilanimidade. Por exemplo, interpelava alguém que lia seu texto: "Por acaso não tem coragem de se jogar na água?" "Diga o que tem a dizer…"

Naquele outono de 1972, a luz se expandia. Iluminava uma vida nova. Eu acompanhava Lacan a todos os lugares. Em Barcelona, onde fora convidado para fazer uma conferência, ele me apresentou o museu Picasso, na época pouco frequentado, além de Gaudí e a arte românica catalã, em particular as capelas românicas com suas pinturas murais que representavam o Cristo em majestade no centro de uma mandorla. Uma jovem nos levou para conhecer a abadia de Montserrat. Durante um almoço ensolarado, ela falou extensamente sobre o local com uma inteligência que agradou a Lacan. Ele se mostrou muito atento, interessado e com uma presença para o outro que, aliás, era uma marca sua.

Era uma característica impressionante sua essa alternância entre atenção extrema, em que se voltava inteiramente para o outro, e retraimento, absorção igualmente completa em seus pensamentos. Era possível dizer que nele se alternavam presença e ausência, mas "ausência" não é a palavra apropriada. Quando estava assim concentrado em suas reflexões, o peso de sua presença física era ainda mais perceptível, era como ter uma rocha ao seu lado. Se Lacan em movimento, Lacan o capricorniano, era impressionante, o Lacan imóvel o era na mesma medida. Era uma imobilidade total, inabalável, a outra face do caráter inflexível de sua relação com o mundo.

Alguns anos atrás, uma moça de Barcelona veio me procurar. Estava fazendo uma tese sobre a história da psicanálise lacaniana na Espanha e soubera que eu acompanhara Lacan naquela conferência que marcou época, mas não foi gravada. Encontrei para ela as anotações que eu fizera naquela noite. Havia, rabiscado na margem, um nome e um endereço que lhe eram familiares. Eram os de um psiquiatra conhecido, cuja adesão ao franquismo era notória. Tínhamos jantado na casa dele, mas eu não me lembrava de mais nada. Ela me informou que era possível achar na internet a dedicatória extremamente calorosa que Lacan lhe fizera nesse dia num exemplar dos *Escritos*, bem como uma carta que lhe endereçara um pouco mais tarde. "Fui feliz durante essa estadia – e não duvido que tenha sido graças ao senhor", dizia. Recebi essa carta, se é que posso dizer assim, com emoção, como a declaração que ele não me fizera, que dirigira a outro e chegava a mim trinta e cinco anos mais tarde. Uma carta, ele afirmara, sempre chega ao destinatário.

Pois, se emitia abundantes sinais de seu desejo, Lacan não era dado a efusões sentimentais. No máximo evocava Stendhal comigo, declarando sentir por mim o amor-inclinação. Eu me insurgia contra aquela frieza e desejava ser amada com paixão. Acontecia-me igualmente lhe dizer, não sem maldade, quando ele me falava de suas primeiras mulheres, que queria ser "a última".

Durante aquele outono, ele resolveu aprimorar minha educação com a leitura dos humoristas do início do século que troçavam dos lugares-comuns amorosos. Apresentou-me Cami, de quem encontrei dois volumes na minha estante: *Les Amants de l'Entre-Ciel* e *Christophe Colomb ou la Véritable Découverte de l'Amérique*. Ele gostava de citar o "Albuns des Eugènes", no *Potomak* de Jean Cocteau, que me fez ler. Encontramos ali belos desenhos dos Mortimer, "que têm um único sonho e um único coração", fórmula que divertia muito Lacan. Os Mortimer, tão unidos e tão felizes, parecem dormir o tempo todo, a menos que seus olhos fechados sejam uma figuração do êxtase conjugal. O apreço de Lacan pelo *Potomak* ecoava seu lado dadaísta, que me parece ter sempre se conservado. Ele partilhava com os dadaístas seu lado geralmente cáustico, o desdém pelo decoro e as convenções, a inclinação à extravagância. Também gostava de citar as tirinhas de *La Famille Fenouillard* e *Le Sapeur Camember*. Tinha especial afeição pelo célebre provérbio "Superados os limites, não há mais limites", que lhe caía feito uma luva.

Também me deu de presente um livrinho mais sério, porém igualmente recheado de humor, uma maravilha de inteligência: *L'École des Muses*, de Étienne Gilson. Na hora julguei aquele presente uma advertência: não se considere uma musa! Mas hoje penso antes que ele simplesmente apreciava essa obra, em que Gilson descreve as variações do amor cortês nos tempos modernos, os impasses e quiproquós encontrados na tentativa de Baudelaire, Wagner, Auguste Comte ou Maeterlink de reintroduzi-lo no gosto da época.

Tampouco se eximia de aprimorar minha educação em outros domínios. Um dia, por exemplo, quando lhe contei um sonho em que perdia meus dentes e o interpretei como a expressão de uma angústia de castração, ele me intimou imediatamente a ir ao dentista, acrescentando que, se Ninon de Lenclos ainda seduzia aos setenta anos, era porque conservara, coisa rara na época, todos os seus dentes.*

Pouco depois de Barcelona, Lacan fez uma conferência em Louvain, que gerou o único registro filmado que temos de uma

---

*Ninon de Lenclos (1620-1705) foi uma célebre cortesã francesa, que manteve um dos mais renomados salões de Paris. (N.T.)

intervenção pública sua. Havia uma multidão, galvanizada pelo estilo teatral que ele desenvolveu em resposta ao assédio. Aquela noite Lacan foi um superstar. Falou da morte, na qual ninguém acredita, disse ele, mas que é a única coisa que torna a vida suportável. Eletrizado pela atmosfera, um rapaz irrompeu, puxando-o à parte. A conferência virara um "happening", sem que Lacan perdesse a linha, tentando entabular um diálogo com o desordeiro, que, sem argumentos, terminou por atirar um pão molhado em sua camisa de seda. Fizeram-no sair e Lacan retomou sua fala.

A intensidade de sua expressão, sua dramatização, me fazia pensar no teatro da crueldade de Antonin Artaud. Numa outra noite em Paris, alguns meses antes, na capela do hospital Sainte-Anne, ele proclamara que falava com as paredes e que era isso que fazia seu auditório gozar. A teatralização fazia parte da arte oratória de Lacan. A cólera afetada e a raiva ostentosa eram suas marcas recorrentes. Elas pareciam dirigir-se ao seu auditório, cuja obtusidade, a vontade de nada saber, a surdez, em suma, condenavam ao fracasso seu desejo de se fazer ouvir. Mas se nos contentamos em nos ouvir, gozamos falando com as paredes. Para além de uma fala que se dirige ao Outro, que não ouve nada, em primeiro lugar porque não existe, a cólera remetia ao real. O real é quando "os pinos não entram nos buraquinhos", ele gostava de dizer. Lacan exprimia frequentemente essa cólera no cotidiano, que fornecia diversos ensejos para tal. Então ela nada tinha de teatral e geralmente não se dirigia a ninguém a não ser, digamos, à má vontade do real. Esperar fazia-o quicar de impaciência, fosse num sinal vermelho ou numa passagem de nível. Se demorassem a servi-lo num restaurante, ele reagia imediatamente soltando um grito estridente ou um suspiro semelhante a um grito. E, se voltasse ao local, a presteza estava garantida.

O teatro estava reservado ao público. Era parte de seu ensino. Tratava-se de instilar na raiva afetada aquele impossível de suportar com o qual o "falasser" é confrontado e com o qual o analista não cessa de lidar em sua prática. No domínio privado, Lacan era de uma simplicidade absoluta. Não no sentido em que diríamos simples um grande deste mundo que condescendesse em se relacionar com inferiores. Era apenas alheio, em suas relações com os outros, às complicações advindas dessa dimensão da intersubjetividade que denominamos psicologia. Lacan não tinha psicologia, não tinha pensamentos ocultos, não atribuía intenções aos outros. Sua simplicidade residia igualmente em não hesitar em pedir o que queria da maneira mais direta possível.

Minha prima Florence se lembrava de ter assistido a uma cena hilariante em Guitrancourt. Lacan pedira a Jesus, o segurança, para comprar uma lata de caviar no Petrossian e, não sei por que motivo, ele não conseguira. Lacan, incapaz de se resignar à falta de caviar, começou a implorar a Jesus para "fazer alguma coisa". Era capaz, portanto, de bater o pé pelo que queria, nem que fosse a coisa mais fútil no mundo. E isso não era teatro.

No dia seguinte a essa conferência memorável em Louvain, Lacan gravou uma entrevista para a televisão belga, conversou demoradamente com os membros da Sociedade Belga de Psicanálise e ainda achou tempo para dar uma volta comigo no museu de belas-artes, onde o *Apolo e Mársias* de Ribera me impressionou profundamente, bem como *A queda de Ícaro* de Bruegel, o Velho. Também me fez descobrir a beguinaria, sua austeridade deliciosa, que me deixou pensativa. Uma comunidade de individualistas – era assim que eu imaginava as beguinas –, uma coisa a que eu sempre aspirara. Depois me levou a Bruges. Tudo vibrava ao seu lado.

No feriado de Finados, passamos alguns dias com Paola em Veneza. Estávamos hospedados no hotel Europa, cujos quartos dão para a basílica da Salute, e fazíamos todas as nossas refeições não longe dali, no Harry's Bar, restaurante que Lacan prezava mais do que qualquer outro, a ponto de deixá-lo desamparado no dia em que fechou. Guardei como suvenir desse momento um bilhete assinado "Doutor Lacan", como ele gostava de designar a si próprio, que ele escrevera num papel timbrado do célebre bar e encaminhara pelo garçom a uma mesa vizinha, onde estava um casal que nos intrigara. Ele queria saber de que país vinha a jovem mulher loura que havíamos admirado. Na mesma folha, estava escrita a resposta: era a única loura de Camargue, que o homem que a acompanhava elegera como esposa. Lacan tinha curiosidade por tudo e por todos, indo sempre direto ao ponto para saciá-la.

Voltamos a Veneza pelo menos uma vez por ano. Ficávamos lá uma ou duas semanas e passeávamos pela cidade da manhã à noite, retornando às vezes, como em Roma, aos mesmos lugares, como quem visita amigos. Lacan tinha sempre com ele o Lorenzetti, um guia em inglês, talvez o mais completo sobre Veneza. Entre as primeiras coisas que me fez conhecer, as mais impressionantes foram os Carpaccio de San Giorgio degli Schiavoni, em especial o *São Jorge derrotando o dragão*, em meio aos despojos de suas vítimas, com os membros destroçados juncando o solo. Em seu seminário, Lacan aludira a essa pintura como um exemplo da fantasia do corpo despedaçado.

Nas obras tão delicadas desse pintor, misturam-se o horror e a calma. Outra pintura mostra são Jorge conduzindo pela coleira, morto ou vivo, o dragão que ele jogou aos pés da filha do rei, na praça da cidade que acabava de libertar. Outro quadro, em que o próprio medo parece sereno, representa a fuga desordenada de um bando de jovens monges ao depararem com um leão seguindo são Jerônimo feito um cão. Carpaccio em Veneza é um pouco como Caravaggio em Roma, percorremos a cidade, seus museus e igrejas seguindo esse fio condutor, da *Lenda de santa Úrsula* na Acaddemia até as *Cortesãs* do museu Correr. Mas um fio mais rico ainda é a obra de Ticiano, por exemplo a *Apresentação da Virgem no Templo*, à qual faz eco a não menos bela *Apresentação* de Tintoretto, na igreja da Madonna dell'Orto, um pouco fora do centro, próxima dos Fondamenta Nuove. Eu gostava muito do bairro deserto, aonde íamos de *motoscafo*. Não longe, nos Gesuiti, encontra-se o *Martírio de São Lourenço*, de Ticiano, todo noite, ouro e fogo, parecendo prefigurar Rembrandt. Todos imperdíveis a cada viagem, assim como Torcello, que Lacan apreciava especialmente e que, na época, era pouco visitada. Lá, era possível admirar à vontade os mosaicos bizantinos da catedral, sobretudo o extraordinário *Juízo final*, e, para terminar, almoçar nos jardins do albergue Cipriani.

Em Paris, Lacan trabalhava intensamente. Recebia seus pacientes das oito da manhã às oito da noite, às vezes mais, parando uma hora para almoçar, ou no "3", a casa de Sylvia, ou em frente, no restaurante La Calèche. Lembro-me de ter almoçado lá com ele e seu editor na Seuil, François Wahl, bem como com seu tradutor japonês. Na saída de um desses almoços com François Wahl, este último, enquanto percorríamos a rue Jacob, sugeriu-me usar minha influência para persuadir Lacan, na sua condição de diretor da coleção Champ Freudien, a tomar não sei mais qual decisão editorial. Fiquei bastante surpresa e tentei lhe explicar que eu não tinha nenhuma influência sobre Lacan, e nem desejava ter. À parte isso, François Wahl era um homem cuja paixão pela profissão o tornava bastante simpático.

À noite, Lacan jantava fora, exceto quando convidado para ir à casa de uma das filhas. Era um homem de hábitos, preferia frequentar os lugares que já conhecia, onde sabia que não o fariam esperar. Afora o La Calèche, que ele apreciava pela proximidade, ia muito ao Bistroquet, um restaurante no Quai du Louvre, de um certo Albert. Lá, era possível esbarrar com Serge Gainsbourg e Jane Birkin com os filhos, que moravam perto. No cardápio, havia lagostins, o que foi ensejo para um lapso seu, um "erro de gênero", que ele citara em seu seminário como expressando sua "histeria": "A senhorita está decidido a comer lagostins", ele disse a Albert. Eu gostava muito de lagostins, mas talvez aquela noite eu estivesse cansada deles e quisesse comer outra coisa. Foi nesse restaurante que, em 1976, almoçamos com Philippe Sollers e Jacques Aubert. Falamos de Aragon, já envelhecido, e de suas relações com Elsa. Lacan tinha uma maneira peculiar de participar de uma conversa. Quando não fazia um monte de perguntas a respeito de um assunto que o intrigava, preferia ficar calado. Saindo de seu silêncio, intervinha com uma tirada brusca, não raro desconcertante. "Quando um homem não é mais um homem, sua mulher o esmaga", lançara subitamente. "Esmaga mesmo?", eu repeti, pasma. Sollers, por sua vez, entendera uma coisa completamente diferente: "Quando uma mulher não é mais uma mulher, ela esmaga seu homem."

Foi no Bistroquet também que jantamos com Jean-Jacques Schuhl e Barbet Schroeder, em 1975, depois de assistir a uma sessão do filme deste último, *Maîtresse*. Lacan declarara que o filme mostrava nitidamente que "o masoquismo era um blefe".

Ele também frequentava o Le Petit Zinc, na época à rue du Buci, onde uma noite encontramos Annette Giacometti. As duas outras "cantinas" de Lacan, aonde íamos jantar praticamente uma vez por semana, eram o Taillevent e Le Vivarois, à avenue Victor Hugo. Foi no Taillevent que ele me convidou para jantar pela primeira vez, e sempre gostei de voltar lá. Certa noite, porém, os garçons pensaram que Lacan desejava se levantar e se precipitaram para puxar a mesa e liberar seu lugar, quando eu ainda não tinha terminado meu prato. Depois disso, durante muito tempo, sem que eu associasse uma coisa à outra, admirava-me não sentir apetite quando íamos lá. Isso me fez entender minha anorexia infantil!

Voltei lá, anos atrás. Quando o gerente me cumprimentou na saída, eu disse a ele que costumava ir lá com o "dr. Lacan". Ele se lembrava muito bem dele, de seu mutismo e de seus enormes e reverberantes suspiros. Ele era assistente do maître na época, me disse. Pareceu comovido com essa recordação.

Meu preferido era o Le Vivarois, menos pedante que o Taillevent e com uma cozinha mais simples e mais próxima do *terroir*. O chef chamava-se Peyrot. Muito simpático, parecia impressionado com o comportamento singular de Lacan, que o divertia muito. Vinha sempre papear conosco, isto é, comigo, pois conversa fiada não era o forte de Lacan. Com o passar do tempo, aliás, ele foi se tornando cada vez mais lacônico, e invariavelmente pegava no bolso uma folha de papel dobrada em quatro, na qual rabiscava nós borromeanos durante todo o jantar. Eu não desanimava e tentava puxar conversa, fazendo-lhe perguntas às quais ele respondia "sim" ou "não". Em geral "sim", aquiescendo às declarações mais contraditórias que eu inventava para testá-lo. Peyrot uma noite se aproximou de nós e provocou: "Vocês chamam isso de um diálogo?" Caí na gargalhada.

Peyrot era um pouco desajuizado. Às vezes fazia uma viagem e se refugiava durante semanas na montanha, deixando o restaurante aos cuidados da mulher e sua equipe, bastante coesa, que o adorava. Mas essas ausências lhe custaram uma estrela no Michelin. Tempos atrás, saindo de um restaurante que eu escolhera porque o chef era um concorrente de Peyrot, comentei com a proprietária que no passado eu frequentara o Vivarois com Lacan. Ela me respondeu às gargalhadas que Peyrot falava muito dele. Estava convencido de que os peidos [*pets*] e arrotos [*rots*] de Lacan – como homem livre, ele não os continha em público – visavam significar, para ele, Peyrot, as duas sílabas de seu nome!

As jornadas de trabalho sobrecarregadas levavam Lacan a fazer virem até ele serviços para os quais em geral nos deslocamos. Embora, muito a contragosto, abrisse uma exceção para o dentista, recebia em domicílio o barbeiro, a manicure e o pedicure, o professor de ginástica, o livreiro e até seu alfaiate, que vinha duas vezes por ano com um leque de amostras de tecidos entre os quais Lacan escolhia a matéria-prima de seus ternos e camisas, que eram confeccionados sob medida. A Creed, uma *maison* muito antiga, fundada no fim do século XVIII, vestira a rainha Vitória e a imperatriz Eugênia. A loja de Paris ainda era dirigida por um descendente da família Creed, Olivier, que ia pessoalmente à casa de Lacan. As camisas que este lhe encomendava eram de suma elegância. Por causa delas, Lacan abandonara a gravata-borboleta que usou durante tanto tempo. Elas tinham um colarinho reto que lembrava um pouco as camisas estilo Mao da época, com a diferença de que um aplique com botões cobria as duas pontas do colarinho e o fechava. Lacan eventualmente solicitava minha opinião na escolha dos tecidos, às vezes suntuosos. Seus ternos aliavam um corte clássico, padronagem e tecidos delicados. Estes conferiam um toque feminino à sua maneira de se vestir, o que não roubava nada de sua virilidade. Sua elegância era soberana, para não dizer imperial, um pouco provocante, subversiva. Mas, como disse Moustapha Safouan, "sua desenvoltura era tão grande que isso não significava nada para ele". Era acessório, digamos assim.

    O fausto não excluía o ascetismo. Prova disso era a estrutura do apartamento do número 5 da rue de Lille, quase inteiramente dedicado aos pacientes, à exceção da saleta de Glória, de uma antiga cozinha que passara a ser usada apenas para os cafés da manhã e do dormitório de Lacan, pequeno também, assim como a cama e o banheiro. Sem qualquer estafe doméstico – todas as suas refeições eram feitas fora –, ele levava há mais de setenta anos uma vida de estudante ou solteiro. Isso não me espantava na época, pois seu modo de vida assemelhava-se ao meu. Nesse aspecto, tínhamos a mesma idade.

Pouco depois de Barcelona, Lacan retomou seu seminário, que aquele ano ele intitulara *Encore* [*Mais, ainda*]. Foi um de seus seminários mais inspirados. Ao longo de todo o ano, discorreu sobre a feminilidade, o gozo, o laço do amor com a impossível relação entre os sexos. Os nós borromeanos, apelidados "rodelas de barbante", começaram a ocupar um lugar que foi se tornando cada vez maior com o passar do tempo. Lacan retomara o símbolo da aliança da família Borromeu com outras duas famílias. Essa aliança era representada por três anéis imbricados de tal maneira que bastava um se romper para soltar os demais. Esse nó parecia feito sob encomenda para Lacan figurar a relação das categorias do simbólico, do imaginário e do real, que estavam no fundamento de sua teoria.

Também falou dos místicos. Não era a primeira ocasião que os evocava em seu ensino, mas, dessa vez, é possível que eu tivesse alguma coisa a ver com isso. Obcecada pela mística, levei para ele as obras de uma beguina (na verdade, eram duas), Hadewijch de Anvers, na esperança de que ele me fornecesse uma interpretação da experiência interior delas. Não fiquei satisfeita. A relação que ele fez esse ano entre a mística e o gozo feminino não me esclarecia. Não eram as "mulheres voluptuosas e rudes", como ele dizia de Teresa d'Ávila, que me interessavam nos místicos, e sim aqueles e aquelas (às vezes os mesmos) que se anulavam. Quanto a isso, ele não dizia nada, mas, entre uma lição e outra do seminário, essa questão que punha em jogo o enigma do meu desejo me deixava agoniada. Eu tinha certeza de que ele possuía a chave e que apenas demorava a fornecê-la.

Talvez todos os seus ouvintes tivessem a mesma expectativa. Lacan era um mestre do suspense. Todas as lições de seu seminário desembocavam numa conclusão impactante que reciclava o enigma, anunciando para a lição seguinte sua resolução, sempre adiada. Um de seus alunos formulara num sonho a impaciência em que isso o mergulhava: "Por que ele não diz a verdade sobre a verdade?" Isso não impedia a sensação de que havia um progresso, um avanço: vislumbrava-se a cada vez algo novo, como num relâmpago que reverberasse uma verdade inédita, embora semidita. Isso conferia a seu ensino o aspecto de uma espiral. Íamos lá semana após semana na expectativa de uma revelação, que sem dúvida assumia para cada um o rosto de seu desejo. Expectativa ao mesmo tempo sempre frustrada e compensada pelo inesperado do que ele trazia. "Mais, ainda" era o nome do desejo que ele não cessava de suscitar pelo entusiasmo que cada um de seus achados despertava. Não raro ficávamos estarrecidos com suas formulações, que em seguida repetíamos como que para extrair sua essência. Ao longo dos anos, não desisti de o interrogar sobre os místicos. Um dia, questionei-o sobre a estrutura psíquica de Teresa d'Ávila. Ele me respondeu que era "um caso de erotomania divina"! Seja como for, terminei por cansá-lo com a minha insistência. Em um de seus seminários, ele chegou a exclamar: "A mística, que é um flagelo, como provam todos aqueles que caem dentro dela..." Recolhi a minha pergunta. Tive que procurar sozinha sua elucidação, esquadrinhando alguns livros.

O seminário *Mais, ainda*, publicado no ano seguinte, foi o segundo a ser transcrito por Jacques-Alain Miller, logo após o seminário sobre *Os quatro conceitos fundamentais da psicanálise*. Este último saiu no início de 1973. Brincando com meu nome, Lacan me fez a seguinte dedicatória: "A Catherine, minha puríssima." Disse-me ter cogitado fazê-la em grego, mas que desistira, lembrando-se de que eu não sabia grego.[*]

De todas as dedicatórias que ele fez para mim, minha preferida é a que acompanha sua tese e seus primeiros escritos sobre a paranoia, reeditada em 1975: "*Gemme Catherine – Millot que

---

[*] "Catherine" vem do grego *katharós*, que significa puro, sem mancha, limpo. (N.T.)

*ces textes: lui donne en noeud ce que je navets pas.*"* Eu ouvia subitamente a ambiguidade graças à qual a Millot podia julgar-se a melhor, pretensão bem dissimulada pela minha modéstia. Também gostava muito desse *"navets"*, entre os quais o *eu* [*je*] vinha cair, e também da homenagem desse *"gemme"*, que me evocava a "pedra rindo ao sol" com que Lacan um dia elaborara a metáfora do amor.

Eu também assistia à sua apresentação de doentes na clínica Sainte-Anne. Lacan prezava muito esse exercício, que mantinha seu vínculo com a prática psiquiátrica. Para nós, espectadores, era sempre uma experiência avassaladora. Assistíamos a um encontro, no sentido pleno do termo, entre Lacan e o doente. O diálogo alcançava uma intensidade que atestava seu valor decisivo para o paciente. Era como se a verdade do paciente comparecesse a um tribunal. Era igualmente a figura de um destino que se desenhava e surgia sob nossos olhos à medida que a conversa evoluía: a crise que dera origem à hospitalização do doente conferia a esse destino a dimensão da tragédia. Nesse caso também ficávamos em suspenso, com um aperto no coração, arrebatados por aquela conversa catártica.

---

* A dedicatória traz diversos jogos de palavras baseados em homofonias: *gemme/j'aime* (gema/eu amo), *Millot/mieux* (Millot/melhor), *en noued/en eux* (em nó/neles), *navets/n'avais* (obra sem grande valor/não tinha). (N.T.)

Lá também aprendíamos muito sobre a ética de Lacan e sua prática de analista. Ele nunca tergiversava com a verdade e não permitia que o doente se esquivasse. Insistia nos pontos de real, no que constituía bloqueio. Confrontava o doente com os desmentidos que a realidade opunha às suas construções delirantes. Por exemplo, a um transexual que reivindicava sua condição de mulher, não parou de lembrar durante a entrevista que ele era um homem, quisesse ou não, e que nenhuma operação faria dele uma mulher. E, para terminar, chamou-o de "meu pobre velho" – o que era mais uma vez afirmar sua masculinidade e ao mesmo tempo interpelá-lo de maneira quase amistosa. Pois isso era dito sem condescendência, daquele lugar de onde Lacan sempre se dirigia ao outro, o da humana condição em que cada um se confronta com o impossível, destino comum que assume frequentemente a face do infortúnio.

Esse ponto em que Lacan se posicionava em sua relação com o outro era o da irredutível solidão de cada um, vizinho do lugar onde a existência confina com a dor. Ele sempre o reconduzia àquilo da solidão que nos remete à nossa exata equivalência a qualquer outro, como dizia Genet. Um dia, quando eu lhe falava do que vivenciava como o desconforto de ser mulher, ele me disse: "Você não é a única, isso não a torna menos sozinha."

Ele não deixava sua plateia se iludir com uma esperança sobre o futuro terapêutico de seus doentes. Na discussão que se seguia à apresentação, depois que o doente saía, não hesitava em afirmar a respeito de um ou outro que ele estava "fodido". Às vezes, aliás, dizia-o ao próprio paciente, o que espantosamente tinha o efeito de aliviá-lo.

Mas se Lacan possuía o senso do trágico, não havia nada de teatral em suas apresentações. Era tão simples em seu diálogo com o doente como se estivesse sozinho com ele. Era esta, aliás, a sensação que tínhamos, a de assistir à entrevista como se não estivéssemos presentes. Acontecia-lhe contudo falar com o doente sobre a presença do público a fim de afastar qualquer embaraço. Dizia: "São todos médicos", ou, dependendo, "São todos amigos"! Ou ainda: "Eles estão aqui para se instruir." Ele mesmo se colocava como se esperando esclarecimentos por parte do doente, ajudando-o a compreender o que lhe acontecia, isto é, sem saber antecipadamente e sem querer apreender dele senão esse saber. Acontecia-lhe sugerir que recebera da equipe médica essa ou aquela informação a respeito do paciente. Nesse aspecto, jogava sempre limpo, preocupado em esvaziar a figura perseguidora de um Outro onisciente, que sabia mais sobre o doente do que ele mesmo. Por si só, essa posição era uma aula sobre o manejo da transferência na psicose. Porém, mais que uma técnica, era uma ética que ele transmitia. Eu não queria omitir o lado engraçado dessas apresentações.

Os doentes muitas vezes davam mostras de um humor involuntário, assim como Lacan. Ele ignorava o que todo mundo sabia: expressões do momento, nomes de cantores e atletas. Podia interrogar um doente sobre o que era "fórmula 1" com a mesma seriedade com que pedia esclarecimentos sobre uma construção delirante. O humor era aliás um traço permanente de seu comportamento. Residia não só em sua capacidade de improvisar, como em sua extravagância involuntária, para não falar em seu charuto torto, que era emblemático disso, aquele Punch Culebras barroco, retorcido por causa da trança de onde era tirado. Lacan o escolhera antes mesmo de se interessar pelo nó borromeano. Seu humor também advinha de seu lado infantil. Eu costumava lhe dizer que ele tinha cinco anos, a idade do raiar da inteligência na criança, segundo Freud, idade anterior aos recalcamentos, que sempre conferem aos adultos certa debilidade mental. Cinco anos também era a idade em que, segundo suas palavras, ele amaldiçoara a Deus. Para mim, não havia sombra de dúvida de que ele permanecera tal qual. Essa ideia não parecia encontrar muito eco nele. Todavia, li em algum lugar que, durante um almoço, ele dissera à sua vizinha de mesa que guardava um segredo e que esse segredo era que ele tinha cinco anos.

Portanto, eu estava inteiramente absorvida por seu ensino. Entregava-me a ele com paixão e entusiasmo. Meu interesse se estendia ao conjunto da literatura psicanalítica, a começar, naturalmente, por Freud, que eu lia há muito tempo. Também demonstrava curiosidade pela história do movimento psicanalítico, em especial pela origem das três cisões ocorridas nos anos 1950 e 1960, no cerne das quais estivera Lacan. Sua personalidade e seu ensino pareciam de fato ter sido os principais motivos. No ano anterior, eu decidira fazer uma tese sobre esse tema.

Jean Laplanche me parecera o orientador mais indicado, sendo na época o único psicanalista professor universitário. Solicitei um encontro com ele, que me recebeu sem dificuldade. Sua sala de espera era minúscula. Meu espírito desconfiado me soprou que sem dúvida fora instalada num antigo banheiro. Sua exiguidade contrastava com o vasto consultório, onde éramos introduzidos em seguida e onde Laplanche sentava-se atrás de uma mesa imensa. A atmosfera era bem diferente da do consultório de Lacan. Expus-lhe meu projeto. Ele me objetou que os analistas que haviam participado daquela história não aceitariam me dar informações; que ele gostaria de orientar um trabalho daquele tipo, mas com a condição de que eu me voltasse para a Inglaterra, onde a psicanálise enfrentara problemas institucionais importantes na esteira dos conflitos entre Melanie Klein e Anna Freud. Mostrou-se inclusive disposto a pleitear uma verba que me permitisse ir estudar a questão *in loco*. O tema na França, portanto, era explosivo. Lacan, a quem contei sobre essa entrevista, telefonou imediatamente a Georges Balandier, que ele conhecia bem e que aceitou imediatamente ser meu orientador. Não sendo psicanalista, e sim sociólogo, estava se lixando para as tensões do meio psicanalítico, e de minha parte não me desagradava tentar uma abordagem etnológica.

Trabalhei nisso durante dois anos, fiz várias palestras no seminário de Balandier e encontrei o que procurava, isto é, situar-me nos meandros do tema, mas terminei desistindo de transformá-lo em minha tese. Laplanche não estava errado. Os arquivos eram inacessíveis, os psicanalistas que eu entrevistava eram reticentes demais. O mais cômico deles, cujo nome omitirei, justificara sua recusa em me falar alegando que ou eu estava em análise, e isso só poderia perturbar seu curso, ou não estava, e então não compreenderia nada. A psicanálise tornara-se realmente uma prática esotérica! Mas sem dúvida minha iniciativa era prematura. A cisão de 1963 tinha menos de dez anos e deixara uma lembrança ainda candente. A cisão que tivera como objeto o "passe" tinha apenas quatro anos.

Já Lacan respondia às minhas perguntas. Chegara mesmo a me propor escarafunchar os papéis que ele conservara numa pequena despensa de sua casa. Não eram arquivos; neles reinava a desordem mais completa. Além do mais, eu me sentia muito constrangida com o que me parecia ser uma intrusão. Logo desisti. Ainda me pergunto como, pouco tempo depois, Jacques-Alain Miller conseguiu pôr um pouco de ordem naquela bagunça e publicar, em dois volumes, correspondentes às cisões de 1953 e 1963, documentos, cartas e circulares, bastante numerosos, que esclareciam perfeitamente o curso dos acontecimentos. Possivelmente era menos inibido do que eu e, certamente, mais autorizado. Mas eu me sensibilizara com a oferta de Lacan. Ele ignorava a mais simples das salvaguardas, confiava francamente, com uma boa dose de desprendimento.

Durante minha pesquisa soube que Laplanche, a quem eu interpelara ingenuamente, tivera um papel relevante na cisão de 1963, negando junto às autoridades da IPA a formação que recebera de Lacan, o que significara um duro golpe para este último. Contudo, certo tempo depois – foi em 1974 ou 1975? –, Lacan compareceu a uma recepção, o que era bastante raro pois não era dado a festas, e cruzara com Laplanche, chegando em casa felicíssimo por tê-lo reencontrado. Laplanche prometera lhe enviar uma caixa de Pommard, um *grand cru* do qual era proprietário. Vendo-o tão alegre, surpreendeu-me que ele passasse a borracha numa traição lamentável, e fiz-lhe essa observação. Ele me respondeu com um sorriso de orelha a orelha. A caixa do Pommard, no entanto, nunca chegou.

No início de 1973, Lacan quis esquiar em Tignes, onde, tão preocupada quanto o monitor que nos acompanhava, vi-o se lançar pelas rampas: sua intrepidez só tinha equivalente na sua falta de técnica. Acompanhei-o em seguida a Milão para uma conferência. Nessa ocasião, reuniu-se com os membros de dois grupos, liderados por dois de seus alunos milaneses, tão díspares quanto possível: Contri e Verdiglioni. Um desses grupos se chamava Comunhão e Libertação, nome que tinha o poder de irritar Lacan, que considerava os dois termos antinômicos... O outro anunciava: Semiótica e Psicanálise. Um terceiro grupo começava a nascer em Roma, por iniciativa de Muriel Drazien, outra aluna de Lacan, seguramente a mais próxima, que, após trabalhar em Estrasburgo e Paris, acabava de se radicar na Itália.

Em seguida, em 1973 ou 1974, Lacan foi diversas vezes a Roma e Milão para incitar seus três alunos, sua "trípode", como ele chamava, a fundar um grupo único. O fato de os envolvidos terem interesses claramente divergentes não o desanimava nem um pouco. Sua esperança de reuni-los fundamentava-se unicamente nas propriedades do nó borromeano. Seu "*noeud bo*" não era capaz de amarrar instâncias tão heterogêneas quanto o real, o simbólico e o imaginário? Logo, devia ser possível juntar, mesmo se um deles não o desejasse, um católico militante, um agitador cultural e uma judia de origem americana, sem dúvida a mais bem formada como psicanalista.

Durante uma de nossas temporadas em Milão, por ocasião de um congresso organizado por Verdiglione, almoçamos com Umberto Eco, que ele conhecia bem, num restaurante da grande galeria Vittorio Emanuele. Esses encontros o deixavam tão feliz que ele parecia enamorado. Vendo-o assim transfigurado, eu sentia inclusive uma ponta de ciúme. Mas não havia nada de dúbio nessa relação. Lacan pura e simplesmente gostava de Eco.

Uma outra vez, quando devíamos ir a Milão, eu manifestara a intenção de, já que estávamos na primavera, me hospedar numa casa de campo. Bastou eu exprimir esse desejo para que Lacan se empenhasse em satisfazê-lo. Verdiglione se desdobrou para nos arranjar casa e carro com chofer. Porém, como Lacan tinha muitas reuniões em Milão e eu o acompanhava, as idas e vindas de carro deixaram claro o despropósito desse arranjo. Lacan não emitiu uma palavra de censura a respeito do que acabou se revelando um capricho. Acho que isso nem sequer lhe passou pela cabeça.

Durante as reiteradas visitas à "trípode" italiana, que ele tentava pôr de pé, fui testemunha da energia e tenacidade que dedicou a esse projeto, que, como era previsível, fracassou. Ele punha na balança todo o peso de seu desejo, mas não levava em conta a psicologia de cada um, não se preocupava com manobras ou em cooptá-los separadamente para essa causa. Em suma, não era um líder de homens. Tudo que lhe interessava era colocar à prova a força operatória de "seu" nó. Era claramente um Dom Quixote nesse quesito.

Apenas em outra ocasião vi-o investir com a mesma energia, embora num outro registro, nesses assuntos institucionais. Foi pouco depois, no outono de 1974, com a finalidade de apoiar o projeto de reorganização do Departamento de Psicanálise em Vincennes, que Jacques-Alain Miller lhe propusera. Ele manifestou a intenção inequívoca de adotar aquele projeto como seu, ao longo de reuniões tempestuosas, pois estava-se na época das grandes contestações. Começavam a lhe acenar com a perspectiva de sua morte. Lacan teve de retorquir a cada um de seus interlocutores, que evocavam sua sucessão, que tampouco eles eram imortais. Foi ele mesmo que me contou essa réplica. Durante esse período vi-o entrar no embate, determinado a vencê-lo. Eu ainda não fazia parte do Departamento de Psicanálise e, portanto, não estava presente a essas reuniões.

Lembro-me apenas de ter me dado conta de que Lacan mentira a seus interlocutores, não me recordo mais da circunstância, e perguntei-lhe a razão disso. Ele não negou, limitando-se a um sorriso maroto. Captei a mensagem: não era homem de se curvar perante a verdade.

Em geral, não se metia na política institucional, não discutia com ninguém problemas que pudessem surgir na Escola. Por exemplo, não mantinha conversas telefônicas sobre isso nos fins de semana ou à noite. Confiando no que engendrara, contentava-se em assistir às reuniões das bancas, das quais participava como presidente, e pouco interferia. Tinha uma relação com o exercício do poder que eu qualificaria de minimalista. Sua prática e a preparação de seus seminários ocupavam-no, com efeito, exclusivamente.

Na primavera de 1973, Lacan quis visitar a Úmbria. Planejara ir com T. E me fez aceitar acompanhá-los. Dividido entre sua relação com T. e a necessidade que tinha de minha presença, não querendo magoar nenhuma das duas, tentava resolver o impasse nos reunindo. Como no caso de sua trípode italiana, a coisa não funcionou. Eu não tinha nenhum preconceito quanto a esse tipo de arranjo; ainda assim, era preciso uma empatia muito grande para superar o ciúme, cujos tormentos eu conhecia. Portanto, quando em julho Lacan me propôs outra viagem com T., recusei. Fui encontrar meus pais na Albânia, onde pouco antes meu pai fora nomeado embaixador. A separação foi penosa. A comunicação com Tirana era difícil. Era praticamente impossível telefonar. As cartas levavam uma semana para chegar a Paris, e Lacan me escrevia diariamente. Em seguida, ele partiu para o Líbano e a comunicação ficou ainda mais difícil. Sem notícias minhas, o tom de suas cartas subia: "Estou muito irritado", escrevia. De minha parte, eu não estava nada bem. Tive uma crise de taquicardia enquanto nadava sozinha na praia de Durrës, pensei que ia me afogar. Na minha volta à França, no fim de julho, quando enfim consegui falar com ele ao telefone e ele me pressionou para que fosse ao seu encontro, cedi, dizendo que os sofrimentos do convívio com T. não poderiam ser piores do que o que eu suportava longe dele. Peguei o avião para Beirute. Estávamos em agosto, fazia um calor terrível, o que Lacan aguentava visivelmente melhor do que eu. A cidade era bem moderna e sofisticada. Tínhamos como guia um aluno seu, Hadnan Houbbalah, recentemente instalado como psicanalista em Beirute e que prosseguiria com suas atividades ali durante anos, sob as bombas.

Do Líbano, lembro-me de belíssimos palácios, das ruínas de Baalbek, de um almoço na montanha em que os *mezze* estavam deliciosos. Partimos logo depois para a Síria, na companhia de Hadnan Houbbalah e sua mulher. Perto da fronteira, caminhões militares não paravam de desfilar, pressagiando uma guerra iminente. Visitamos Damasco, Palmira e Alepo. Guardei a lembrança do imenso e escuro *souk* de Damasco, da beleza de Palmira ao poente e da coluna de Simeão Estilita, não longe de Alepo, que não era tão alta quanto eu imaginara a partir do filme de Buñuel.

De volta a Beirute, o embaixador da França convidou nós três para nos hospedarmos em sua residência, um palácio no meio de um parque, moradia histórica batizada como Résidence des Pins. À noite, jantávamos sob as arcadas em sua companhia. Mas eu fazia essa magnífica viagem no maior mal-estar. Somou-se ainda a climatização, e acabei caindo doente. Foi a última tentativa de convívio.

No início de 1974, contudo, surgiu a possibilidade de uma viagem à China com Philippe Sollers, Julia Kristeva, Roland Barthes, François Wahl e Marcelin Pleynet. Lacan me sugeriu novamente ir com ele e T., o que recusei. Ele acabou desistindo da viagem, eu nunca soube direito por quê. Será que T. voltou atrás ou não conseguiu o visto? De toda forma, no outono de 1975, ela o acompanhou numa série de conferências que ele fez nas universidades americanas.

Pouco depois dessa viagem frustrada, Lacan quis ver, no zoológico de Vincennes, os dois pandas que a China oferecera ao presidente Pompidou. Não foi a única vez que fomos lá. Lacan gostava de visitar os hipopótamos, animais com os quais sentia afinidade, talvez por causa de uma arte em comum: o bocejo! Essas visitas aconteciam nas manhãs de sábado, quando eu também costumava acompanhá-lo a uma exposição.

No outono de 1973, o congresso da Escola Freudiana foi realizado em La Grande-Motte, perto de Montpellier. Foi uma reunião memorável, pois, excepcionalmente, um sopro de entusiasmo percorreu as intervenções e os debates. Falou-se muito do "passe", dispositivo que Lacan inventara seis anos antes e que tinha, aliás, provocado uma cisão. Tratava-se de recolher o testemunho daqueles que resolviam passar do lugar de analisando ao de analista. Lacan desejava interrogar o porquê dessa passagem, que, enquanto momento conclusivo, levantava a questão do fim da análise.

O passe deixava perplexo um bom número de analistas. Mas dessa vez tivemos a impressão de um canteiro de obras que se abria, em que todos se sentiam movidos por um sentimento de renovação. As intervenções de Lacan nesse congresso contribuíram muito para isso. Ele comparou o momento do passe ao raio heraclitiano que realça o relevo das coisas, como a crista de um maciço montanhoso se desenha subitamente na tempestade. Essa comparação lhe fora inspirada pelo seminário de Heidegger e Fink sobre Heráclito, que acabava de ser publicado. Eu o comprara e Lacan logo o confiscara, lendo-o apaixonadamente durante a viagem. Exprimiu em diversas ocasiões a "esperança" que alimentava com respeito àquela experiência do passe. Em geral, não era a esperança que o dominava. Um dia, inclusive, ele afirmara que ela conduzia ao suicídio. Qual era sua esperança? Jogar luz sobre os efeitos de uma análise, sem dúvida, bem como sobre a natureza do desejo do analista ("o que pode ir pela cachola de alguém que dá o passo?", interrogava), mas também lutar contra o peso do *establishment* mediante a nomeação de jovens e desconhecidos como "Analistas da Escola", o que os colocava no mesmo nível que os didatas. Quando declarou, alguns anos mais tarde, que o passe era um fracasso, era também o fracasso de sua Escola que ele anunciava. Mas naquele ano, em Montpellier, o passe estava bem vivo. Tínhamos o sentimento de participar de uma aventura apaixonante, a da própria psicanálise. O desejo de Lacan nos arrastava a todos.

Durante esse congresso, tive de encarar o desafio de um "*coming out*" da nossa relação. Eu preferia ficar na sombra, até mesmo na clandestinidade, e reservara um quarto num hotelzinho longe daquele onde ele se hospedara, com os notáveis da Escola. Mas ele não entendia dessa maneira e me vi obrigada a atravessar ao seu lado o saguão do hotel, na direção do elevador, passando em frente a um areópago que por ali bebia, os olhos pregados em nós dois. Não coloquei os pés no quarto que tinha reservado. Meu cuidado com a discrição era a menor de suas preocupações. A propósito, alguns anos mais tarde, durante outro congresso, ele mandou me chamar pelo alto-falante!

A partir de 1973-74, acompanhei cada vez mais Lacan a Guitrancourt, e em breve todos os fins de semana. Era uma bela casa, sede de uma antiga comarca do século XVIII, de proporções agradáveis, características dessa época que apreciava a intimidade. Tinha sido mobiliada por Sylvia. Um prédio anexo fora transformado em ateliê por um proprietário anterior, um famoso pintor. Era lá que Lacan trabalhava, em seu escritório, de frente para uma grande sacada envidraçada que dava para o jardim. À direita da sacada, e fazendo-lhe eco, estava pendurado um Monet, uma paisagem de Giverny, onde as ninfeias eram como que afogadas sob uma cascata de folhagens. Instalada em frente, num sofá, eu o tinha diante dos meus olhos quando trabalhava ao lado de Lacan. No ateliê fora construído um mezanino, onde *A origem do mundo* ficava disfarçado por uma pintura em madeira de André Masson, representando de maneira alusiva o próprio tema que supostamente devia esconder. Descobria-se o Courbet retirando um lado da moldura e fazendo deslizar o Masson. Lacan gostava desse ritual de desvelamento. Cerâmicas pré-colombianas decoravam o parapeito do mezanino. Eu gostava de uma delas em especial. Representava um corpo de mulher com seios sutilmente marcados, em cujo flanco abaulado encaixava-se uma pequena criatura, cujas proporções minúsculas davam à mãe uma estatura de gigante.

A certa distância da casa e do ateliê, o jardim fora ampliado à direita e ali construídas uma piscina e uma casinha próxima à borda. Ela compreendia um cômodo, decorado com um afresco pompeiano, que dava para a piscina, através de uma sacada envidraçada. Era lá que Alicia, a zeladora, servia o almoço preparado por ela. Havia também uma pequena cozinha e um compartimento com uma ducha, além de um quarto caprichosamente decorado à moda japonesa por um arquiteto que Lacan contratara ao voltar de uma viagem ao Japão. Todos os dias, antes do almoço, em qualquer estação ou clima, Lacan se atirava nu em pelo na piscina. Nadava duas vezes o comprimento, mais um ritual que um exercício, mas de toda forma uma disciplina da qual ele não abdicava. No muro que acompanhava a piscina, diversas trepadeiras floriam em diferentes estações, e se cobriam de bagas em outras. Essas folhagens mutantes ofereciam um prazer sempre renovado ao olhar.

A piscina e sua casinha davam um cunho de férias às temporadas em Guitrancourt. Aliás, passávamos lá parte do verão. Mas era igualmente um local de trabalho extraordinário. Lacan dava o tom, trabalhando ao longo de manhãs e tardes numa calma concentração. De manhã, em geral ficava na cama de seu quarto. Uma pequena prancheta de desenho de madeira lhe servia de mesa para escrever, as folhas presas por uma garra. Além das mesinhas de cabeceira, duas mesas retangulares estavam dispostas de cada lado da cama, sobre as quais se acumulavam livros e papéis. À tarde, instalava-se no ateliê, à grande mesa com cavaletes que ficava em frente à sacada envidraçada. Ali permanecia horas a fio, numa imobilidade absoluta, à exceção dos movimentos da mão sobre a página. Essa imobilidade me impressionava muito, pois não se assemelhava a nada que eu conhecesse: mal comparando, tudo que não era ele parecia-me animado por um movimento browniano. Acrescida ao seu silêncio, ela se instalava na casa como que um vazio central em torno do qual gravitávamos.

Introduzo aqui um plural, pois seu genro, Jacques-Alain, e sua filha, Judith, e os filhos deles passaram a ir a Guitrancourt nos fins de semana com uma frequência cada vez maior, logo seguidos por Laurence e seus três filhos. Foi durante anos uma vida de família, à qual me vi associada. Acompanhei o crescimento das crianças, andávamos a cavalo juntos nas cercanias. Foram belos anos. Lacan parecia feliz com esse círculo familiar, mesmo permanecendo o mais das vezes silencioso, absorto em seus pensamentos. À mesa, por exemplo, não participava da conversa. Jacques-Alain e eu tínhamos em comum nossa perplexidade frente a Lacan. Era o fundamento de uma simpatia mútua. Também partilhávamos o prazer do badminton. Nosso jogo consistia em prolongar a troca de bola o máximo de tempo possível, contrariando, portanto, as regras oficiais e facilitando a rebatida ao parceiro. Essa maneira inusitada de jogar privilegiava a resistência e desdenhava a competição. À noite, na sala de estar, onde uma das paredes exibia um Renoir, às vezes jogávamos cartas: nem pôquer nem bridge, mas um jogo qualquer de crianças, como o *barbu*.* Lacan não participava. Afora esses jogos e o tempo passado na beira da piscina, principalmente nos dias de sol, todos nós estudávamos muito. Os inúmeros cômodos da casa permitiam a cada um escolher o que lhe conviesse melhor, com toda a independência; era igualmente um espaço de liberdade. Convívio e solidão eram assim preservados e aliados.

A partir do outono de 1974, passei a preparar, ao lado de Lacan, no ateliê, minhas aulas de Vincennes. Minha pesquisa versava sobre a educação em Freud, o que veio a se tornar tema da mi-

---

* Jogado geralmente com quatro pessoas, o *barbu* deve seu nome ao desenho barbudo do rei no baralho, carta importante para o jogo. (N.T.)

nha tese e me levou a reler integralmente sua obra. De tempos em tempos, eu fazia uma pergunta a Lacan. Ousava interromper o curso de seus pensamentos ou esperava o momento oportuno? Ele nem sempre respondia. Um dia, interroguei-o sobre a pulsão de morte e o além do princípio de prazer. O desejo de morte, perguntei, devia ser situado do lado do desejo de dormir ou de um desejo de despertar? A pergunta o interessou o suficiente para que, após um longo silêncio, ele me respondesse. Foi uma resposta muito circunstanciada, que me levou a fazer anotações que guardei cuidadosamente.

Relendo hoje essas anotações, que foram publicadas na revista *L'Âne*, elas me parecem refletir fielmente o movimento do pensamento de Lacan, seu caráter turbilhonante. Ele avançava em sua reflexão até se ver sem saída, e então começava outro desenvolvimento que conduzia, da mesma maneira, a um ponto de barragem, o conjunto circunscrevendo uma zona onde o pensamento se defronta com um impossível que forma um furo ou sifão. Observamos em diversos textos de Freud um movimento comparável de abordagem reiterada dos impasses, mediante os quais cercamos o real. Por sinal, é algo semelhante que vemos na progressão de um tratamento analítico.

Nesse dia, Lacan falou em "sonho de despertar" [*rêve de réveil*]. A vida, ele disse, é uma coisa absolutamente impossível que pode sonhar com o despertar absoluto. Hoje constato a que ponto esse sonho me habitou ao longo do tempo. Ele acrescentara: "Esse desejo de despertar não é outra coisa senão o sonho de se afogar no saber absoluto, do qual não há vestígio."

Foi em Guitrancourt, em férias, que escrevi minha tese. Isso me tomou vários anos. A inibição corriqueira que acompanha esse tipo de exercício revestia-se, no meu caso, de uma grande angústia. Sofria de maneira atroz no pequeno gabinete verde da casa principal, onde me isolava como que em penitência. Trabalhava sentada a uma mesa, o que aumentava meu tormento em razão de uma escoliose, que me deixava muito desconfortável nessa posição; passei a evitá-la depois. Nesse pequeno gabinete, havia uma estante com alguns tesouros que Lacan me mostrara, entre eles a edição limitada das recordações de infância de Marie Bonaparte, tal como sua análise com Freud lhe permitira reconstituir. Na parede, podiam-se ver duas pinturas de juventude de Giacometti: um autorretrato e uma caveira que lhe fazia par. Três portas-janelas davam para o jardim, embora o cômodo ficasse um pouco na penumbra pela proximidade das árvores. Era esta a moldura do meu suplício...

Guitrancourt era um lugar de encontros. Lacan convidava para passar lá o fim de semana, ou mais tempo, nas férias, pessoas cuja obra o interessava ou que ele julgava simpáticas. Por exemplo François Cheng, a quem recorrera diversas vezes a partir de 1969 para ajudá-lo a ler esse ou aquele texto chinês. Lacan havia estudado chinês na Escola de Línguas Orientais, defronte de sua casa, durante os anos da guerra. Nessas sessões de trabalho, François Cheng teve a oportunidade de constatar a capacidade de concentração que caracterizava Lacan, bem como seu espírito aberto, sua curiosidade incessante. "Creio", disse ele durante uma conversa, "que a partir de um certo período de sua vida o dr. Lacan virou apenas pensamento. Na época em que eu trabalhava com ele, eu costumava me perguntar se havia um único segundo de sua vida cotidiana em que ele não estava pensando em algum grave problema teórico." François Cheng conta que, quando propôs dar fim às suas conversas regulares para dedicar-se à redação de *A escrita poética chinesa*, Lacan compreendeu e aceitou de boa vontade, mas não sem suspirar: "O que vai ser de mim?" Essa exclamação, que refletia seu sentimento, era ele sem tirar nem pôr!

Por ocasião de sua última entrevista, em Guitrancourt em 1977 ou 1978, no momento das despedidas, Lacan lhe disse: "Querido Cheng, pelo que sei de você, conheceu várias rupturas em sua vida, em função do seu exílio: ruptura com seu passado, ruptura com sua cultura. Você saberá, tenho certeza, transformar essas rupturas num Vazio-mediano* dinâmico e ligar seu presente ao seu passado, o Ocidente ao Oriente."

Na mesma época, Lacan convidou várias vezes um lógico-matemático, Georg Kreisel, que fora aluno de Wittgenstein. Judeu de origem austríaca, fora enviado pelos pais para fazer seus estudos na Inglaterra antes do Anschluss. Formara-se em matemática no Trinity College e, depois da guerra, especializara-se na teoria da demonstração. Passava longas temporadas em Guitrancourt, no verão. Tinha o porte de um intelectual Mitteleuropa e um ar de solteirão excêntrico, um pouco hipocondríaco. Mesmo nos dias de sol, nunca entrava na piscina. Mas estava longe de ser tão excêntrico quanto Lacan, que parecia intrigá-lo muito.

Foi em 1974 ou 1975? Lembro-me de um fim de semana em que estavam reunidos com Jacques-Alain e Judith, François Regnault (ex-condiscípulo e amigo de Jacques-Alain), Brigitte Jaques, Jean-Claude Milner (cuja amizade com Jacques-Alain também datava da rua d'Ulm),** Gérard Miller e Jocelyne Livi,

---

* Segundo o próprio François Cheng, o Vazio-mediano intervém sempre que o yin e o yang estão conjuntamente presentes. Drenando a melhor parte dos dois, ele seria o terceiro sopro, que eleva ambos até uma transformação criadora, permitindo-lhes sua superação. (N.T.)
** Endereço da École Normale Supérieure. (N.T.)

A vida com Lacan 75

bem como Benoît Jacquot, que acabava de realizar *Televisão* com Lacan.

Até então, Lacan recusara qualquer entrevista televisionada, desestimulado pelo misto de pretensão e arrogância dos apresentadores que o haviam convidado. Benoît Jacquot viera procurá-lo, bem jovem e completamente desconhecido, "um minúsculo" no dizer (sem qualquer conotação pejorativa) de Lacan, que fora seduzido e conquistado. O fim de semana foi muito alegre. Nos divertimos com jogos de salão que Jacques-Alain apreciava. Seu irmão, Gérard, nos deu aulas de hipnose. Desnecessário dizer que Lacan não participava.

Quando o revemos hoje, *Televisão* causa um efeito estranho. A bem da verdade, já era o caso na época. Qualquer um que fale na televisão se dirige aos telespectadores como se a interlocutores próximos e como se estivesse na intimidade do mesmo aposento. Bem, Lacan parecia falar para as massas. Dirigia-se aos milhares de pessoas que compunham o público da televisão. Acentuara a teatralização de sua fala, ainda mais não sendo uma improvisação, e sim um texto escrito previamente, em resposta às perguntas elaboradas por Jacques-Alain.

Marc'O, homem de teatro que, admirador de seu gestual, assistia frequentemente a seu seminário, estava num hotelzinho de montanha quando *Televisão* foi transmitido. Pedira à gerência para ver o programa no aparelho do hotel. Todo mundo se reuniu na hora marcada e acompanhou atentamente. No fim, o dono do hotel tomou a palavra: "É muito interessante, muito interessante. Mas onde está o psiquiatra?"

Lacan conservou uma grande afeição por Benoît Jacquot. Quando este, pouco depois, lançou seu primeiro filme, *L'Assassin musicien*, ele fez um texto elogioso no *Nouvel Observateur*: "Sua primeira tentativa se distingue por ser um golpe de mestre. No que se refere à composição da música e das imagens, considero esse filme uma obra-prima."

Gostava de se ver cercado por jovens e não lhes poupava seu apoio. Foi o caso da estreia de Brigitte Jaques na direção teatral, com *O despertar da primavera*, de Wedekind, uma "tragédia infantil", nas palavras do autor, que não deixava de ecoar o filme de Jacquot. Ainda me lembro da noite em que assistimos, no Festival de outono de 1974, à estreia dessa peça, feita sob medida para interessar Lacan, que escrevera um pequeno texto de apresentação para o programa. Assim como no caso do primeiro filme de Benoît Jacquot, era comovente assistir aos primeiros passos de Brigitte Jaques, mulher fascinante, muito simpática, que viria a fazer uma bela carreira como encenadora.

Lacan também comprava muitas obras de jovens artistas ainda desconhecidos, ou quase. Por exemplo, de François

Rouan. Ele o conhecera na Villa Médici e suas telas, feitas de tiras tecidas que lhe lembravam as tranças borromeanas, o haviam interessado particularmente. Também me acompanhava nas exposições de meu amigo Jean-Max Toubeau, de quem comprou alguns desenhos e a quem encomendou um retrato meu.

Aquele outono de 1974, quando comecei a ensinar no Departamento de Psicanálise, fora precedido de uma longa viagem a Veneza, em setembro, na companhia de Judith e Jacques-Alain e os filhos, além de Gérard Miller e Jocelyne Livi. Durante essas férias, Jocelyne fez as mais belas fotografias que temos de Lacan. É possível vê-lo andando célere pelo cais, percebe-se seu andar decidido, seu ímpeto. Ele está elegante, seu Punch Culebras nos lábios, o Lorenzetti na mão. Em outras fotos, aparece sentado na cabine de vidro de um *motoscafo*, sorridente, olhar radiante. Essas férias venezianas em família se repetiram nos anos seguintes. Pouco depois, Laurence e os filhos juntaram-se a nós. Lacan parecia feliz com essas temporadas, em que arrastava todo mundo em visitas intensas aos museus e igrejas. Seu neto Luc, que devia ter cinco ou seis anos, acompanhava valentemente a movimentação.

Não obstante, Lacan acabava de viver uma tragédia da qual talvez nunca tenha se recuperado totalmente. Em julho de 1974, ele desejara visitar a Albânia, curioso por aquele país quase inacessível, enclave maoista governado com mão de ferro por Enver Hodja. O fato de meu pai ser o embaixador francês na Albânia o estimulou. Para chegar a Tirana, era preciso passar por Roma ou Budapeste. Budapeste tentara Lacan, instigado por esse país que vivia um arremedo de liberalização, e também porque a cidade fora um dos focos irradiadores da psicanálise na época de Freud. Lá, Ferenczi, um de seus principais discípulos, formara diversos analistas, entre os quais Imre Hermann, que ainda morava na cidade e exercia a psicanálise mais ou menos clandestinamente. Lacan queria encontrá-lo. Interessara-se pelos seus trabalhos sobre a pulsão de "agarramento". Jean-Jacques Gorog, um jovem psicanalista parisiense de origem húngara, que conhecia a língua, nos acompanhava. De minha parte, era um retorno. Quando criança eu morara três anos em Budapeste, onde meu pai fora nomeado adido da embaixada.

Budapeste mudara. A primeira coisa que nos fizeram visitar foi o Var, que acabava de ser inteiramente restaurado. Outra novidade eram as lojas de eletrodomésticos e aparelhos hi-fi, que lembravam armazéns. A maioria das mulheres vestia-se com elegância. J.-J. Gorog me lembrou recentemente que uma delas me chamara a atenção caminhando na rua, com sapatos de salto alto que me agradaram. Cobicei-os e manifestei minha vontade de comprar um par igual. Lacan pôs-se imediatamente a correr para alcançar a jovem e lhe perguntar onde ela os havia comprado. Gorog foi em seu socorro para servir de intérprete. A jovem respondeu que mandara fazê-los a partir de um modelo que vira na *Elle*! Colocar-se a serviço dos desejos do outro fazia parte da ética de Lacan. Para ele, não havia desejos pequenos: a menor vontade era suficiente.

O que não tinha mudado era a polícia política. Um amigo de Imre Hermann, que nos levava de carro à sua casa, não parava de olhar no retrovisor, convencido de que estávamos sendo seguidos. Esse homem fora preso anteriormente por motivos políticos. Isso se dera na época de Rakosi ou da repressão que seguira a insurreição de 1956, não sei mais. Lacan interveio subitamente e afirmou que devia ter sido o período de sua vida em que aquele homem se sentira mais livre. Fiquei chocada com a provocação e me perguntei se tal fala lhe fora inspirada por aquela pessoa em particular ou se era uma constatação mais genérica. A leitura de Arthur Koestler me confirmou mais tarde que a prisão pode ter a virtude de libertar interiormente.

A grande novidade era a abertura cultural. Fiquei admirada ao ver, durante uma reunião organizada em torno de Lacan com estudantes e professores, a familiaridade que demonstravam com as obras dos intelectuais franceses: liam Derrida, Deleuze, Foucault, Barthes, Sollers, Kristeva... e Lacan. Era, lá como em nosso país, uma época de florescimento intelectual excepcional, que contrastava com o terror latente que ainda reinava sob o regime de János Kádár.

Passamos três dias em Budapeste antes de partirmos para Tirana. Mas Lacan não teve tempo de visitar a Albânia. Dois dias após nossa chegada, comunicaram-lhe a morte de sua filha mais velha, Caroline, atropelada por um carro em Antibes. Ele ficou destroçado, vi-o soluçar loucamente. Amava muito a filha. Costumava jantar em sua casa, onde adorava encontrar os netos. Regressamos imediatamente a Paris. Hoje, não tenho dúvidas de que, para Lacan, houve um antes e um depois desse luto. O tom de seu humor mudou. À época em que o conheci, havia nele uma alegria que fazia parte de sua vitalidade. Se não despareceu completamente, essa alegria foi arranhada, adquiriu um fundo escuro; Lacan ficou mais taciturno.

No outono de 1974, o congresso da Escola realizou-se em Roma. Foi organizado por Muriel Drazien, a aluna com quem Lacan mais contava para sua "trípode" italiana. Foi assessorada nessa tarefa pela minha amiga Paola Carola, a quem conhecera por ocasião de nossas temporadas romanas. Paola logo decidiu ir a Paris formar-se em psicanálise com Lacan.

Esse congresso era também um aniversário, de dez anos de fundação da Escola. Além disso, em 1953, vinte e um anos antes, fora em Roma que Lacan dera o pontapé inicial do seu ensino com a famosa comunicação "Função e campo da fala e da linguagem". Dessa vez, pronunciou uma bela conferência intitulada "A terceira". Mas não estava no melhor de seu humor, vendo (como costumava acontecer) com maus olhos a afluência e (como também costumava acontecer) admoestando os psicanalistas: "Sejam mais relaxados, mais espontâneos quando receberem alguém à procura de uma análise. Não se sintam obrigados a se valorizar. Mesmo como bufões, vocês têm justificativa para sê-lo. Basta ver minha *Televisão*. Sou um clown. Tomem isso como exemplo e não me imitem."

No dia seguinte, Jacques-Alain Miller fez-lhe eco com certa virulência, ao mesmo tempo enaltecendo Lacan e acusando os analistas, cuja presunção ele denunciava ("O que é a presunção? É nunca querer enfrentar suas provas"), bem como o niilismo e as simulações. Pouco depois, Daniel Sibony denunciou por sua vez "o som do caixão se fechando e o tom de réquiem" desse elogio a Lacan.

Em suma, não era um clima de serenidade. Contrastava com o bom humor e o entusiasmo que haviam inspirado o congresso de La Grande-Motte, um ano antes. Um conflito se esboçava entre os psicanalistas da Escola e Miller, cujo palco em breve seria Vincennes.

Foi também uma guinada nas relações de Lacan com a Escola que ele fundara. A dissensão que aflorava resultaria, seis anos mais tarde, na dissolução.

Lacan não poupava seu apoio a Jacques-Alain. Graças a ele, acabava de ser publicado o primeiro volume do Seminário. Até ali, os alunos de Lacan haviam se oferecido para fazer resumos ou reescritas que pretendiam assinar. Miller foi o primeiro a perceber que era editorialmente possível publicá-los *in extenso*. Ate então, com efeito, não era comum editar aulas e afins. Miller tomou o partido não de uma reescrita, e sim de uma transcrição das estenografias, únicos vestígios desse ensino oral. Essa alternativa agradou a Lacan. Em fevereiro de 1973, foi publicado o seminário sobre *Os quatro conceitos fundamentais da psicanálise*. Outros dois, *Os escritos técnicos de Freud*, o primeiro cronologicamente, e o último, o mais recente, *Mais, ainda*, saíram em janeiro de 1975, poucos meses depois do congresso de Roma. A célebre escultura de Bernini da transverberação de santa Teresa d'Ávila foi estampada na capa do último. Durante o congresso em Roma, tínhamos ido revê-la na igreja Santa Maria della Vittoria, na companhia de Judith e Jacques-Alain, e a decisão foi tomada com entusiasmo.

Naquele ano, com efeito, o entusiasmo estava ali. A publicação dos seminários era um acontecimento, e Lacan também apostava visivelmente na renovação do Departamento de Psicanálise. Era uma experiência da qual participavam jovens não analistas, mas que, em grande parte, vieram a sê-lo na sequência e para quem o ensino da psicanálise, de seus conceitos, dos textos que haviam balizado sua história, era uma aventura.

Participei desse processo e me envolvi nele com todo o ardor de que minha juventude era capaz. Lacan, que recentemente criticara o "discurso universitário" e não vira com bons olhos o envolvimento de Serge Leclaire em Vincennes em 1969, surpreendeu os membros de sua Escola com essa reviravolta, que parecia uma renegação, como se não acreditasse mais neles para dar continuidade a seu ensino.

O que não o impediu de estar inteiramente presente nas discussões por ocasião das Jornadas da primavera de 1975, não raro enfatizando sua aprovação. Entre suas intervenções mais esclarecedoras, guardo esta: "A única coisa que vale não é o particular, é o singular. A regra fundamental diz: vale a pena circular através de toda uma série de particulares para que alguma coisa de singular não seja omitido... Se esbarramos com alguma coisa que defina o particular, é o que não obstante chamei pelo seu nome: um destino." Fazer "sair" o singular, ele acrescentava, só é possível mediante uma boa dose de sorte, a qual só desfrutamos graças à regra da associação livre, na medida em que ela perturba o princípio de prazer.

Nas férias de Natal, que passamos juntos em Guitrancourt, Jacques-Alain lançou a ideia de uma revista, cujo título, *Ornicar?*, foi escolhido durante um jogo da memória com Jean-Claude Milner e Alain Grosrichard. O primeiro número saiu em janeiro de 1975, tendo na abertura uma "proposição" de Lacan, intitulada "Talvez em Vincennes…".

Nessa mesma época, passei a ocupar um apartamento à rue de Tournon, a quinze minutos a pé da rue de Lille. Voltava para lá todas as manhãs, parando às vezes no caminho para tomar um café com meu amigo Maurice Luciani, com quem sempre tivera longas conversas sobre o amor. No fim do dia, reencontrava Lacan, que então chamava um táxi para irmos a um restaurante.

Não era nada fácil conseguir um táxi àquela hora. Acontecia-me atrasar cinco minutos e encontrar Lacan batendo o pé e rangendo os dentes na calçada da rue de Lille. Era sempre um tormento e uma das raras ocasiões de tensão em nossa relação, se deixarmos de lado os trajetos de carro a uma velocidade estonteante entre Paris e Guitrancourt, os quais, no fim das contas, eu suportava estoicamente, e as infidelidades de sua parte.

Terminei por perceber que essas infidelidades se davam no mês de julho, perto das férias, quando ele terminara seu seminário do ano. Nessas ocasiões, eu explodia, e ele suportava pacientemente. Sua capacidade de tolerar a ira feminina era notável, fazendo-me pensar que às vezes a passividade é sinal de virilidade. De minha parte, eu perdia as estribeiras, mesmo sabendo que ele continuaria a fazer o que lhe desse na veneta. Findo o mês de julho, eu voltava a ficar mais tranquila.

Era nesse período do ano que ele escrevia os textos que destinava à publicação. Dava-me para ler as diferentes redações. Escrevia uma primeira versão que, uma vez terminada, ele jogava no lixo, recomeçando do zero, e assim por diante. No caso de "O aturdito", por exemplo, houve três. A primeira era a mais compreensível, e cada uma das duas seguintes acrescentou um grau de "complicação", no sentido leibniziano. Lacan procedia por condensações, sobredeterminações e ambiguidades. O texto devia ser literalmente desembrulhado pelo leitor em seguida.

Uma vez por semana, eu preparava um jantar na rue de Tournon, aonde ele chegava geralmente de carona com seu último paciente. Eu não era muito dotada para as tarefas domésticas, e ele nunca deu a entender que desejaria que eu o convidasse com mais frequência.

Acontecia-me convidar alguns amigos junto com ele, em especial minha amiga Marie Cabat, que morava lá em casa entre duas temporadas em Ibiza. Ele sempre os recebia bem, interessando-se de perto por suas questões. Por exemplo as partidas de pôquer noturnas, das quais Marie participava, esperando ganhar o suficiente para prover suas necessidades. Todas as noites, ele se informava comigo sobre o resultado da partida da noite anterior. Como o pôquer se revelara um pouco aleatório, Marie procurou um emprego. Imediatamente Lacan, sempre disposto a ajudar, decidiu encaminhá-la à bibliotecária da Escola Freudiana, a quem estava disposto a impor aquela ajuda improvisada. Mas ela, que era por si só uma instituição e que reinava na sede da Escola à rue Claude-Bernard, não entendia dessa forma. Tanto que, quando Marie se apresentou, ela lhe disse que podia ficar se o "dr. Lacan assim desejasse", mas que não tinha trabalho para lhe dar. Minha amiga bateu em retirada. Quando contei a entrevista a Lacan, este resmungou que ela "não queria trabalhar". Como contestei, ele acrescentou: "Ela não quer fazer carreira." A fórmula agradou a Marie, que se reconheceu nela. Aliás, nessa época bendita, "fazer carreira" não era um ideal. Teria sido deveras deselegante preocupar-se com isso.

Lacan, que fazia o que podia pelas pessoas, não levava em conta a psicologia de seus interlocutores. Assim, suas intervenções a favor de alguém nem sempre eram coroadas de sucesso. Alguns anos mais tarde, meti na cabeça procurar uma vaga de psicoterapeuta numa instituição. Me candidatei a uma delas e comuniquei o fato a Lacan, que logo pegou o telefone para me apoiar, apresentando-me como "a filha do nosso embaixador na Albânia". Para ele, essa era claramente a melhor recomendação, e sua intervenção, pelos ecos que chegaram a mim, foi ouvida, mas não no sentido desejado.

Volta e meia eu lhe falava dos meus amigos e ele sempre ouvia com boa vontade. Um deles, psicólogo, hesitava em fazer uma análise que o teria qualificado como psicanalista. Repugnava-lhe, ele dizia, "pagar luvas". Contei a Lacan a fórmula, que me divertira, e ele retorquiu na lata: "Faço para ele um preço abaixo da concorrência." Transmiti a oferta. Lacan cumpriu a palavra. Mas logo se verificou que, se meu amigo não queria pagar, não era por uma questão de dinheiro. Não sei como ele se desatrelou de Lacan. Sem dúvida muito mal, pois Lacan me encarregou de lhe entregar um bilhete que rabiscara na mesa do restaurante onde jantávamos e que conscienciosamente manchara de vinho tinto antes de colocá-lo num envelope, que também sujou. Dessa vez não senti nem um pingo de orgulho em ser a mensageira daquela missiva, que devolvia ao remetente o tratamento que esse amigo dispensava à generosa acolhida de Lacan.

Curioso como era, Lacan ficou bastante satisfeito de poder assistir a um dos experimentos com partículas elementares que meu amigo Lazare Goldzahl dirigia em Saclay. Goldzahl, por sua vez, gostava de desmistificar suas pesquisas, recebendo visitas no santuário da física nuclear, que consistia numa espécie de casamata de cimento para abrigar radiações, com alguns computadores instalados nas mesas, na vizinhança imediata do grande acelerador de partículas. Lacan prestava atenção aos nomes próprios. Comentara em seu seminário o nome do meu amigo, que significa "que vale ouro" e não deixa de evocar algum número de ouro que rege a natureza. Em outra ocasião, tendo encontrado Jacqueline Veiler, uma amiga de Maurice Luciani, especialista em quíchua, pediu-lhe imediatamente para introduzi-lo nessa língua e teve algumas aulas com ela. Em seu seminário, apontou a homofonia do sobrenome de Jacqueline com a palavra *"vélaire"* [velar], que designa uma consonância pronunciada com o véu do palato. Fazia assim surgir o caráter augural do nome próprio.

Em fevereiro de 1975, Lacan foi convidado a ministrar conferências em Londres e Oxford. Não pude viajar com ele, pois tinha que dar meu curso, e encontrei-o no dia seguinte à aula. Glória acompanhara-o na viagem e ficara com ele até minha chegada. Ele não concebia ir sozinho a nenhum lugar.

Deu uma conferência no Instituto Francês, cujo diretor o conhecia de uma viagem anterior. Ele e sua mulher nos receberam de maneira muito simpática. Ela me levou à Biba, loja muito na moda na época, e insistiu para que eu comprasse dois vestidos, o que eu nunca fazia. Usei-os por muito tempo com grande prazer, recordações dessa ocasião alegre.

Em seguida, Lacan deu uma conferência na Tavistock Clinic, centro eminente da psicanálise londrina, assistida por Masud Kahn, cujos trabalhos sobre perversão eu lera e que nos convidou para jantar fora. Seu estilo fidalgo não permitia esquecer suas origens senhoriais. Era não obstante muito simpático. Homem brilhante, fora aluno, depois colaborador, de Winnicott, falecido pouco tempo antes. Parece ter se permitido nessa época diversas transgressões pouco apreciadas pelos colegas. Terminou seus dias, dizem, na solidão e no álcool. Os limites de sua análise com Winnicott foram objeto de um interessante debate no meio psicanalítico anglo-saxão, atestando a liberalidade que reina do outro lado da Mancha, mesmo entre os psicanalistas.

Esqueci o nome do hotel onde nos hospedamos, mas não uma observação marota de Lacan, que vira nos corredores um retrato da rainha Elisabeth e decretou que eu me parecia com ela. Para alguém que tivera como ideal de beleza Brigitte Bardot, era no mínimo desagradável, ainda mais que não era a primeira vez que me diziam isso.

Um pouco mais tarde, acompanhei Lacan por ocasião de uma visita a Heidegger em Freiburg-im-Brisgau. Ele soubera que o filósofo tinha sido vítima de um acidente vascular cerebral e declarara que desejava revê-lo antes que ele morresse. Conhecia-o de longa data, tendo-lhe feito uma primeira visita no início dos anos 1950 junto com Jean Beaufret, que fora seu analisando. Lacan traduzira para o francês um de seus textos, intitulado "Logos", publicado em 1956 na revista *La Psychanalyse*. Em 1955, Heidegger fora convidado por Beaufret e Maurice de Gandillac para um colóquio em Cerisy-la-Salle. Na volta, havia parado em Guitrancourt com sua mulher, e passaram alguns dias. Lacan levara-os para visitar a região de carro, a toda velocidade como sempre, ignorando os berros da sra. Heidegger.

Fomos de avião para a Basileia, onde visitamos o belíssimo Museu de Belas-Artes, e lá alugamos um carro para ir a Freiburg, onde éramos esperados.

Os Heidegger moravam numa casa relativamente nova num bairro residencial, que não lembrava em nada as imagens de cabana na floresta que eu associava ao filósofo. Mal tínhamos entrado, a sra. Heidegger nos intimou com autoridade a calçar as pantufas que ela reservava às visitas. Eu sabia, pelas minhas origens ligadas ao Jura, que esse era um costume bastante comum nas regiões montanhosas, por causa da neve. Nos países nórdicos, que eu também conhecia, tiram-se os sapatos ao se entrar numa casa. Mas estávamos em abril, e eu senti que nos viam como os portadores das sujeiras do mundo exterior. Freud me ensinara que, para o inconsciente, o lado de fora é sinônimo de estrangeiro, isto é, do inimigo e do que em geral é abominável. Eu estava dividida entre a sensação desagradável de ser uma intrusa e a hilaridade contida que aquele contraste inesperado entre as pantufas e a metafísica me suscitava.

Fomos introduzidos na sala de estar, onde Heidegger estava estendido numa *chaise longue*. Sentando-se prontamente ao seu lado, Lacan começou a lhe comunicar os últimos avanços teóricos, fazendo uso dos nós borromeanos, que ele vinha desenvolvendo em seu seminário. Para ilustrar suas afirmações tirou do bolso uma folha de papel dobrada em quatro, na qual desenhou uma série de nós para mostrá-los a Heidegger, que durante esse tempo todo não emitia uma palavra e mantinha os olhos fechados. Eu me perguntava se exprimia assim seu desinteresse ou se aquilo se devia à perda de suas faculdades. Lacan, que não era homem de desistir, obstinava-se, e a situação ameaçava eternizar-se. Por sorte, a sra. Heidegger chegou e pôs fim à "conversa" após um tempo previamente calculado para "não cansar seu marido". Ainda de pantufas nos encaminhamos para a saída, tendo sido convidados a reencontrar o casal um pouco mais tarde num restaurante próximo.

## A vida com Lacan

Francamente contrariada com as pantufas, logo que saímos perguntei a Lacan se a sra. Heidegger tinha sido nazista. "Naturalmente", ele me respondeu. Na época, não se questionavam as relações de Heidegger com o nazismo. O livro de Victor Farias ainda não fora publicado.

Durante o almoço, Heidegger se mostrou um pouco mais loquaz, mas a conversa não foi muito animada. Lacan, que lia o alemão, não o falava, e nossos anfitriões dominavam mal o francês. Antes de nos despedirmos, Heidegger me presenteou com um retrato dele, no formato de um cartão-postal, no verso do qual escreveu: *Zur Erinnerung an den Besuch in Freiburg im Bu. Am 2. April 1975*,* sem menção do meu nome. Fiquei um pouco espantada com aquele autógrafo para fãs, que eu não solicitara, mas conservei-o devotamente. Um de meus pacientes, que viu a foto numa prateleira de minha estante, perguntou se era meu avô.

Foi no Pentecostes desse ano ou do ano anterior que Lacan me levou para conhecer um de seus amigos, Armand Petitjean, nas Cévennes? Esse homem vivia com a mulher e a filha de nove anos numa grande propriedade. Tinha muito orgulho das reformas pecuárias e agrícolas que realizara, que a tornavam

---

* "Lembrança da visita em Freiburg im Bu. 2 de abril de 1975." (N.T.)

um espaço autossuficiente. Era um ecologista de primeira hora que, por essa época, encontrara um aliado em Edgar Morin. Ainda jovem, revelara-se um escritor muito promissor. Traduzira aos vinte anos um poema de Joyce, o que o conceituara como um dos raros a saberem ler o *Finnegans Wake*. Tinha sido muito amigo de Drieu la Rochelle e partilhara suas oscilações durante a guerra, publicando tanto na *La N.R.F.*, que Drieu dirigiu durante a Ocupação, como em algumas revistas colaboracionistas, antes de ingressar, em 1942, na resistência do general Giraud. Na Libertação, Aragon exigira que o fuzilassem. Jean Paulhan tomou sua defesa. O fato de ter sido giraudista, em vez de gaullista ou comunista, sem dúvida marcou-o mais do que o engajamento pétainista prontamente renegado. Resumindo, foi inocentado pelo Comitê de Expurgos, mas viu sua carreira literária destruída por esses episódios. A vida retirada que levava numa propriedade onde reinava como soberano foi sua resposta a esse banimento pela história.

A atmosfera bucólica que impregnava o ambiente e o espírito discretamente patriarcal de seu anfitrião não deixam de me evocar hoje *L'Arrière-Saison*, de Adalbert Stifter, e o fundo de melancolia de um refúgio onde tudo foi pacientemente reunido com requinte e simplicidade, para o prazer dos olhos e da sensibilidade. Essa obstinação, também aqui, tinha algo de desesperado.

Conservei dessa estadia uma bela fotografia de Lacan, folheando um livro com a garotinha da casa, que o conquistara. Nossos anfitriões nos levaram à *feria* de Nîmes, onde assistimos a uma tourada. A despeito de todas as razões literárias para apreciar o espetáculo, senti-me enojada. Lacan, se não partilhava minha aversão, tampouco se mostrou um espectador fervoroso.

Lacan respondia de boa vontade às solicitações que lhe eram feitas. Às vezes num impulso de simpatia, como com Benoît Jacquot. Foi esse o caso quando Jacques Aubert veio lhe pedir, por intermédio de Maria Jolas, que abrisse, em junho de 1975, o V Simpósio Joyce que ele estava organizando na Sorbonne. Foi um verdadeiro encontro, que resultou num intenso intercâmbio de trabalho que durou mais de um ano, prolongando-se numa relação de amizade duradoura. Como relembra nessa "Abertura", Lacan cruzara com Joyce na livraria de Adrienne Monnier quando tinha dezenove anos. No ano seguinte, assistiu, sempre no estabelecimento de Monnier, à primeira leitura histórica de trechos do *Ulisses* em francês e em inglês, pouco antes de sua publicação pela Shakespeare and Company. Assim, Joyce já o acompanhava havia muito tempo quando Jacques Aubert veio procurá-lo. Citara-o, entre outros, poucos anos antes, em "Lituraterra".

Em junho daquele ano, ele decidira fazer desse reencontro o tema de seu seminário na volta às aulas, sob o título "O sinthoma", grafia antiga da palavra "sintoma", onde, em francês, se ouve igualmente a locução "santo homem". Jacques Aubert fez uma longa intervenção nesse seminário, bem como numa noite no Hôtel-Dieu, na presença de Lacan, noite que contou igualmente com a presença de Philippe Sollers.

Tornamo-nos amigos desde aquela noite de verão, quando nos encontramos para um jantar no terraço de um restaurante em frente à ponte Louis Philippe, jantar que me deixou boas recordações. A gentileza refinada e o charme de Jacques Aubert e sua mulher, Venette, que o acompanhava, me conquistaram imediatamente, como haviam conquistado Lacan.

Sua gentileza beirou a devoção ao longo desse ano de seminário, durante o qual Lacan o solicitou de maneira incessante, por correio, pneumático ou telefone. Jacques Aubert, que morava e ensinava em Lyon, costumava passar uma parte da semana em Paris. Lacan, quando não conseguia encontrá-lo, ia esperá-lo à noite em frente à sua porta até que ele chegasse. Pedia-lhe, sempre com a máxima urgência, referências bibliográficas, obras sobre Joyce que ele não conseguia arranjar, respostas a todas as perguntas que suas leituras levantavam.

Em Guitrancourt, os livros se amontoavam. Havia pilhas sobre as mesas do quarto e, pelo menos, cinco ou seis abertos na cama, que ele lia ao mesmo tempo, saltando de um a outro. Era a primeira vez que eu o via nesse estado efervescente de leitura.

Todas as obras de Joyce, no original, e todos os comentadores, ingleses em geral. Passaram a me soar familiares nomes como Richard Ellmann, que também li, Frank Budgen, Clive Hart e Robert M. Adams. A obra deste último, *Surface and Symbol, the Consistency of James Joyce "Ulysses"*, por si só era um achado, com tudo para prender a atenção de Lacan, há muito cativado pela topologia das superfícies e que recorria à noção de consistência em seu trabalho sobre os nós borromeanos. Estava tão desvairada e apaixonadamente mergulhado nesses textos que às vezes dava a impressão de se afogar neles. No entanto, em seu seminário extraía disso, com bela simplicidade, uma audaciosa renovação da clínica. O rigor de Joyce combinava com o seu. Servia-lhe para interrogar as bases da psicanálise: o que é um sintoma, sua relação com o inconsciente, sua articulação com as categorias que ele já deduzira, o simbólico, o imaginário e, sobretudo, o real, que era cada vez mais objeto de seu questionamento, eu diria até mais: o objeto de seu tormento.

Ao longo desses anos, seu ensino, mais despojado, alcançou uma clareza inédita. Procedia menos do que antes por digressões e mais por fulgurâncias, enunciados corrosivos que iam a contrapelo dos hábitos de pensamento, dos preconceitos e dos clichês. Ao mesmo tempo, e isso fazia parte desse despojamento, seu estilo tornou-se menos teatral, o lado agressivo também perdeu o gume. "Estou envelhecendo, ficando bonzinho", ele exclamara um dia. Essa bondade, assim como a simplicidade, também impressionara Jacques Aubert ao longo de todo o seu convívio.

Um tempo atrás, durante um almoço, Aubert me contou que um dia Lacan dera-lhe uma carona até a Gare de Lyon e o deixara lá, dizendo que tinha um paciente à sua espera no consultório, mas que voltaria dali a uma hora para se despedir dele antes da partida de seu trem. Jacques Aubert pegou o primeiro trem disponível, convencido de que Lacan não pensava seriamente em voltar. Ao chegar à sua casa em Lyon, sua mulher lhe disse que Lacan telefonara preocupadíssimo: procurara-o em vão por todo o trem em que ele devia embarcar e ficara muito apreensivo. Então ele voltara, como prometera. Jacques Aubert era sensível ao comportamento de Lacan, mais que surpreendente e por si só um ensinamento.

No ano desse seminário dedicado a Joyce, tive a oportunidade de assistir, antes de seu lançamento nos cinemas, a um filme que me impressionou muito: *O império dos sentidos*, de Oshima. Falei imediatamente sobre ele com Lacan, que quis vê-lo. Eu conhecia um pouco o produtor, Anatole Dauman, e liguei para ele para lhe comunicar o desejo de Lacan. Encantado com essa oportunidade de conhecê-lo, Dauman organizou imediatamente uma sessão especial para ele, propondo-lhe inclusive que convidasse todas as pessoas que desejasse. Foi assim que vários membros de sua Escola compareceram, um pouco perplexos. Lacan referiu-se ao filme em seu seminário. Ficara "embasbacado", ele disse, acrescentando que era "o erotismo feminino levado ao extremo", erotismo que culminava na fantasia da morte e da castração do homem.

Dauman, fascinado por Lacan, quis convidá-lo para jantar com atores ou diretores que julgava capazes de interessá-lo. Por exemplo Isabelle Adjani e, em outra ocasião, Polanski, na casa de Lucas Carton, onde fui encontrá-los após minha aula em Vincennes. Cheguei por volta das dez e meia da noite, o jantar já devia durar duas horas, Lacan mostrava-se pouco loquaz, como sabemos. Polanski, acompanhado de uma jovem, tampouco era expansivo. Todo mundo parecia entediar-se terrivelmente à minha espera, e Lacan não demorou a se levantar. A crer numa de suas cartas, o jantar com Adjani, no qual eu não estava presente, tampouco fora mais animado.

Lacan, a propósito, falava cada vez menos. Possuído por Joyce, não o era menos por seu *"noeud bo"*, como o chamava, brincando com a consonância com o monte Nebo, do qual Moisés descortinou a Terra Prometida e onde morreu. Desde o seu seminário *Mais, ainda*, os nós borromeanos ocupavam um espaço cada vez maior no seu ensino. No seminário que seguiu *O sinthoma*, esse espaço se tornou quase exclusivo, apesar do título joyciano: "L'insu que sait de l'Une-bévu s'aile à mourre",* que lembrava os jogos de homofonias translinguísticos do *Finnegans Wake*, como "*Who ails tongue coddeau, a space of dumbillsilly*", no qual Lacan, segundo suas próprias palavras, sem a ajuda de Jacques Aubert não teria sido capaz de ouvir "*où est ton cadeau, espèce d'imbecile*" ["Onde está teu presente, espécie de imbecil"].

Lacan não se limitava a desenhar seus nós borromeanos. Fabricava-os também com "pedaços de barbante", que colava e emendava. Eu ia regularmente à seção de náutica da BHV para abastecê-lo com cordas marítimas, daquelas utilizadas para escotas e adriças, que se haviam revelado mais apropriadas às suas manipulações. Comprava-as em diferentes tamanhos e nas cores e trançagens mais variadas que encontrava. Tinham que ter espessura suficiente para serem emendadas com fita adesiva. Em geral estas são efetuadas com agulha e linha, mas Lacan não manejava a agulha, não tinha a menor

---

* Segundo tradução proposta pelo psicanalista Sérgio Laia: "O malsabido de um fora se joga no amor". Cf. Boletim da Escola Brasileira de Psicanálise, http://www.ebp.org.br/dr/ebp_deb/debates008.asp. (N.T.)

paciência para isso. A fita adesiva, da mesma forma, exigira pesquisas de minha parte até encontrar a que se prestava melhor a esse uso.

Com o passar do tempo, as correntes e nós se tornavam cada vez mais intrusivos. Lacan prosseguia com suas manipulações enquanto escutava seus pacientes, os nós atulhavam o chão de seu consultório. De tempos em tempos, Glória os recolhia num saco plástico debaixo de sua mesa. A mesma coisa acontecia em seu quarto em Guitrancourt.

Jovens matemáticos apaixonados por topologia, Pierre Soury e Michel Thomé haviam demonstrado desde o fim de 1973 interesse pela maneira como Lacan usava o famoso nó. Seguiu-se uma correspondência assídua, que ganhou forma de diálogo durante o próprio seminário.

Lacan os solicitava constantemente. Como eles não tinham telefone, que na época era um aparelho raro em Paris, ele lhes enviava um monte de pneumáticos, meio de comunicação pelo qual tinha predileção, e às vezes ia bater à sua porta. Como teria ficado feliz com a invenção do telefone celular! Na época, começavam a se difundir os bipes de emergência para alertar os médicos. Jacques-Alain brincava dizendo que era disso que eu precisava para que Lacan pudesse me contatar a qualquer instante, como ele desejava. Escapei de boa.

É possível ler na internet esses pneumáticos de Lacan, os quais logo passaram a destinar-se apenas a Soury, Thomé tendo sem dúvida jogado a toalha. Suas solicitações eram sempre urgentes, não raro formuladas como pedidos de ajuda, até mesmo textualmente "Socorro". Em alguns fins de semana, Lacan levava Soury a Guitrancourt, onde passavam longas horas trabalhando juntos. No início de 1978, ou talvez 1979, quando eu tinha ido passar uma semana em Ibiza na casa de minha amiga Marie, fiquei sabendo, por um telefonema de Glória, que Lacan sofrera um acidente a caminho de Guitrancourt, acompanhado de Soury. Perdera a saída da autoestrada, tentara acessá-la com um golpe de direção no último momento e colidira na mureta. Saiu ileso, Soury se safou com um galo e o Mercedes, um belo conversível branco, ficou inutilizável. Lacan não comprou outro carro e parou de dirigir. A mureta fazia parte desse real perante o qual ele se curvava.

A pressão exercida por Lacan sem dúvida deixava Soury numa posição incômoda, mas ele mergulhou no desvario quando Lacan parou seu seminário e não recorreu mais a seus serviços. Não obstante, ao saber que Soury estava doente, Lacan escreveu-lhe dizendo que gostaria de tê-lo como analisando, mas a carta ficou sem resposta. Em grande dificuldade, Soury escreveu aos amigos: "Vou me matar." Foi difícil identificar o corpo descoberto em 2 de julho de 1981, num bosque próximo a Ville-d'Avray. Isso aconteceu dois meses antes da morte de Lacan.

Nos últimos seminários, as correntes e os nós foram ocupando cada vez mais o espaço da fala, que não raro se restringia ao comentário das figuras que Lacan desenhava com giz no quadro-negro. Suas proposições sobre a psicanálise serviam como preliminares aos nós que o "atormentavam" sem trégua, em cima dos quais "quebrava a cabeça". Era um pouco como se procurasse uma saída para o que o torturava na psicanálise na esfera desse real que os nós vinham encarnar. Mas há uma saída na esfera do real? Ou seja, do impossível, como ele mesmo dissera?

Nas Jornadas de sua Escola, Lacan agora intervinha raramente, exprimindo com frequência seu cansaço, chegando a concluir com uma simples frase: "Isso já durou o suficiente!" Eu chegara a me perguntar, e a ele também, se a psicanálise ainda o interessava, e inclusive – pergunta estarrecedora que atestava minha aflição – se algum dia o interessara. Ele respondeu prontamente que ela o apaixonara. A palavra "paixão" era enfatizada. De certa maneira, essa paixão sempre estava presente, através de sua obsessão pelos nós, mais depurada talvez e como que radicalizada. Mas seu desinvestimento em todas as outras coisas era tamanho que eu esquecia sua curiosidade incessante e sua alegria de outros tempos.

No verão de 1978, tínhamos ido à Sicília. Tudo o impacientava e incomodava. Ele não tinha mais ânimo para as visitas, às quais se obrigava. Um de seus alunos, psicanalista em Palermo, revelou-se um guia pouco competente, o que aumentava sua impaciência. Guardo uma lembrança de uma confusão em Noto, cidade desertada por causa do calor, onde, desorientados, não conseguíamos encontrar os monumentos indicados nos guias. Em Palermo, ele ficava desenhando seus nós no quarto do hotel. Eu saía sozinha pela cidade e fui agredida. No começo da viagem, havíamos subido ao cume do Etna. Na borda da imensa cratera, entre as fumarolas, fui invadida pela angústia ante a ideia louca de que ele poderia se jogar dentro dela, como Empédocles, e me arrastar junto.

Esse retraimento, contudo, encontrava uma ressonância em mim. Hoje tenho dificuldade em ressuscitar essa recordação, de tal forma me sentia alheia ao que não deixava de se aparentar com o niilismo. No entanto, se o niilismo significava a destruição de todos os valores, o termo não convinha nem para Lacan, completamente tomado de paixão pelos seus nós, nem para mim, que colocava meu investimento na psicanálise acima de tudo. Sentia-me estranhamente em sintonia com ele, como se reencontrasse um antigo ideal de depuração máxima através dessa redução à corda à qual assistia. Desde antes de conhecê-lo, eu era movida por uma busca do irredutível, da única coisa que se sustentaria, fosse qual fosse, e pela determinação de desdenhar de todo o resto. Esse ideal e essa busca não deixavam de me inclinar ao ascetismo, que Lacan encarnou para mim ao longo desses anos de silêncio. As vaidades se consumiam num desdém por tudo, salvo pelo essencial. A vida com ele era então como uma grande fogueira na qual desapareciam todos os falsos valores.

Por exemplo, eu tinha a impressão de comungar com ele não na paixão pelos nós, que eu tinha dificuldade em partilhar, mas naquele desinteresse por tudo que não era o único objeto de sua paixão. Nessa paixão eu reencontrava sua concentração de sempre, seu estilo, de ir em linha reta sem consideração por nada que não fosse seu objetivo, mas era uma concentração ainda mais depurada, que criara um vazio em torno de si e não conseguia mais mudar de objeto como antes.

Essa tendência ao irredutível em detrimento de todo o resto, eu a colocava em prática na minha relação com a psicanálise. Durante todos esses anos, minha análise com Lacan prosseguira. Eu apostara meu cacife ao procurá-lo, e para mim o que estava em jogo era uma questão de vida ou morte. A partida começara, e ainda que a estratégia tenha se modificado quando nossa relação ganhou a feição da intimidade, julguei impensável retirar minha aposta e levar minha questão alhures. Lacan compreendera isso e mantivera a aposta, assim como eu.

Ocorre-me pensar que ele talvez tenha investido nessa história seu gosto pela experimentação. Ele conduzia as coisas levando em conta a particularidade da situação, eventualmente tirando proveito dela. Assim, acontecia-lhe insinuar uma interpretação a partir de algum dado da vida cotidiana. Às vezes eu lhe participava meu temor de não conseguir levar a cabo minha análise nessas condições tão particulares. Um dia, ele me respondeu: "Sim, falta alguma coisa." Fiquei pasma, eu que acreditava que era de alguma coisa a mais que se tratava! Essa falta, que aí soava como definitiva, desceu sobre mim como uma guilhotina.

Foi nesse momento que, no trabalho que eu continuava a realizar com ele, desvelou-se uma verdade que começou a me desesperar. Com uma frase, Lacan soube ao mesmo tempo não ceder em seu propósito e moderar seus efeitos. Foi a grande guinada terapêutica de minha análise. O fundo de ansiedade que me habitava desde sempre foi como que varrido. Sumiram a mão de ferro que me apertava o plexo, a raposa que me mordia o estômago; eu alcançava uma paz corporal que jamais conhecera. Ensinar, escrever, me deixava agoniada, isso também caiu de supetão. Foi como se eu tivesse me tornado viável e a vida, vivível.

O terreno desobstruído logo deu lugar à evidência de um desejo que ganhou força de imperativo: a questão de um filho aflorou como ordem do dia, ainda mais premente pela idade que eu tinha. E era tarde demais para ter um filho de Lacan. Em nome desse desejo que a análise com ele extirpara em toda a sua virulência e que eu não queria que se tornasse letra morta, pois aos meus olhos isso teria invalidado todo o percurso, fiz então a crueldade de me separar dele para me dar uma chance de realizá-lo. Foi um dilaceramento para mim, um terremoto para ele. Embora fosse visitá-lo diariamente, embora às vezes o acompanhasse a Guitrancourt, não dormia mais na rue de Lille. Jacques-Alain contou como Lacan se esgueirou uma noite para a cama de seu filho, Luc. A demanda sem fala era clara. Jacques-Alain e Judith se mudaram para acolhê-lo.

Seguiram-se dois anos dolorosos. Foi preciso atravessar o drama da dissolução da Escola Freudiana e suportar a violência que se deflagrou e não o poupou. Eu ficava só, infeliz demais para um encontro, assistindo com uma aflição crescente ao declínio de sua saúde.

Quando soube que tinha um câncer no intestino, Lacan se recusou a se tratar. A Judith, que lhe pedia para explicar o motivo de sua escolha, ele respondia: "Porque é a minha fantasia."

Disseram que tinha medo das cirurgias. Nunca vi Lacan ter medo do que quer que fosse. Era do seu estilo não querer prolongar seus dias.

No último momento, contudo, aceitou uma intervenção cirúrgica. Eu estava fora de Paris e retornei imediatamente. Ele me recebeu em silêncio, com um sorriso. Nas horas que se seguiram à sua operação, antes que entrasse em coma, não vi nele nenhum sinal de angústia. Voltei a Guitrancourt algumas semanas mais tarde. No pequeno gabinete verde, senti abrir-se em mim, escavado pelos soluços, um buraco escuro e sem fundo.

Hoje, tenho a idade que Lacan tinha quando o conheci. Terá sido isso que me levou a expor estas recordações? Como um compromisso a ser honrado, uma maneira de reencontrá-lo.

Além disso, estou chegando à idade em que nos perguntamos quanto óleo ainda resta na lamparina, e em que tudo nos lembra que é preciso trabalhar enquanto há luz.

A memória é precária, mas a escrita ressuscita o frescor das lembranças. Enquanto escrevia, reencontrei dias antigos, e esses poucos flashes me devolveram a integralidade do ser de Lacan.

## Campo Freudiano no Brasil

- Os complexos familiares
- Escritos
- Estou falando com as paredes
- Meu ensino
- O mito individual do neurótico
- Nomes-do-Pai
- Outros escritos
- O Seminário

Livro 1: Os escritos técnicos de Freud

Livro 2: O eu na teoria de Freud e na técnica da psicanálise

Livro 3: As psicoses

Livro 4: A relação de objeto

Livro 5: As formações do inconsciente

Livro 6: O desejo e sua interpretação

Livro 7: A ética da psicanálise

Livro 8: A transferência

Livro 10: A angústia

Livro 11: Os quatro conceitos fundamentais da psicanálise

Livro 16: De um Outro ao outro

Livro 17: O avesso da psicanálise

Livro 18: De um discurso que não fosse semblante

Livro 19: ...ou pior

Livro 20: Mais, ainda

Livro 23: O sinthoma

- Televisão
- O triunfo da religião

Jacques Lacan

- A batalha do autismo

Éric Laurent

- Lacan elucidado
- Matemas I
- O osso de uma análise
- Percurso de Lacan
- Perspectivas do Seminário 23 de Lacan
- Perspectivas dos Escritos e Outros escritos de Lacan

Jacques-Alain Miller

- A vida com Lacan

Catherine Millot

- A inibição intelectual na psicanálise

Ana Lydia Santiago

1ª EDIÇÃO [2017] 1 reimpressão

ESTA OBRA FOI COMPOSTA POR MARI TABOADA EM META PRO E MINION PRO IMPRESSA EM OFSETE PELA GEOGRÁFICA SOBRE PAPEL PÓLEN BOLD DA SUZANO S.A. PARA A EDITORA SCHWARCZ EM MAIO DE 2022

A marca FSC® é a garantia de que a madeira utilizada na fabricação do papel deste livro provém de florestas que foram gerenciadas de maneira ambientalmente correta, socialmente justa e economicamente viável, além de outras fontes de origem controlada.